석학
人文
강좌
09

조선, 도덕(道德)의 성찰

석학人文강좌 09

조선, 도덕(道德)의 성찰 – 조선 시대 유학의 도덕철학

2010년 4월 15일 초판 1쇄 발행
2013년 5월 5일 초판 3쇄 발행

지은이 윤사순
펴낸이 한철희
펴낸곳 돌베개
책임편집 최양순 · 이경아
편집 조성웅 · 김희진 · 좌세훈 · 권영민 · 신귀영 · 김태권
디자인 이은정 · 박정영
디자인기획 민진기디자인

등록 1979년 8월 25일 제406-2003-018호
주소 (413-756) 경기도 파주시 교하읍 문발리 파주출판도시 532-4
전화 (031) 955-5020
팩스 (031) 955-5050
홈페이지 www.dolbegae.com
전자우편 book@dolbegae.co.kr

ISBN 978-89-7199-385-9 94140
ISBN 978-89-7199-331-6 (세트)

이 도서의 국립중앙도서관 출판시도서목록(CIP)은
e-CIP 홈페이지(http://www.nl.go.kr/ecip)에서
이용하실 수 있습니다. (CIP제어번호: CIP2010001219)

이 저서는 '한국학술진흥재단 석학과 함께하는 인문강좌'의 지원을 받아 출판된 책입니다.

석학
人文
강좌
09

조선, 도덕(道德)의 성찰

조선 시대 유학의 도덕철학

윤사순 지음

돌베개

책머리에

한국 철학을 탐구하겠다고 나서기 시작한 지가 어찌 보면 엊그제 같고, 어찌 보면 아득하게 느껴진다. 그것이 기억의 갈피로는 엊그제지만, 세월의 헤아림으로는 아득하기만 하다.

한국 철학이라는 어휘가 지금은 자연스레 쓰이지만, 반세기 전만 해도 어색하게만 받아들여지던 시절이었다. 고유 철학이라 할 토산의 무엇이 없는데다, 일제 강점기에 일인 어용·관학자들이 주장하던 한국 사상 부재론의 영향, 그리고 서양 철학의 잣대로 재던 동양 철학에 대한 이질시……. 이런 사유들이 얽힌 그 시기의 통념에서는 '한국 철학'이라는 용어가 낯설기만 했다.

학위들의 수득부터 오로지 한국 철학을 전공하겠다는 결심을 내린 데는 낙후된 농촌 출신에게 깃들었던 나의 낡은 민족의식이 얼만큼 작용했던 것 같다. 동양 철학에 대한 애착과 그 가운데서 차지하는 한국 전통 철학의 우수성에 대한 '전설적인 단편 지식' 또한 크게 작용했다.

한국 전통 철학이란 전래의 한국 불교, 한국 유학 등에 잠재된 철학 부분이 아닐 수 없다. 그것은 유학과 불교철학 가운데 한국인의 철학 역량에 의해 비판적으로 변개되고 창조적으로 더해진, 이른바 '한국화된 요소들'을 가리킨다. 그 가운데 한국 불교보다는 한국 유학이 현실에서 발을 떼지 못하는 나의 성향에 들어맞았다. 그 유학 가운데서 내가 첫 탐구 대상으로 택한 것이 퇴계 이황의 철학이었다.

40년 전(1979), 나는 한국 유학에 관한 교재를 겸한 연구 서적 하나(『한국유학논구』)와 퇴계 철학 논문들을 또 하나의 책자(『퇴계철학의 연구』)로 엮었다. 그때 퇴계를 비롯한 한국 유학자들의 철학 업적은 마치 '풍성한 미개척의 광맥'과 같아서 언제까지 파내야 다할 수 있을지 모르겠다는 감회를 토로했다. 아울러 그 발언이 나 혼자만의 자기도취의 소리가 아님이 언제라도 증명되길 진심으로 바랐다.

퇴계의 철학 하나만 해도, 그 판단은 빗나가지 않았다. 퇴계국제학술회의 등을 통해 밝혀진 퇴계의 독창적인 이론들은 곧 주희가 언급하지 못한 깊이의 이론임을 우리와 함께 중국학자들도 인정했다. 한 예로 북경대학의 쩐라이陳來 교수는 그의 『송명철학』에 퇴계의 학설을 독립된 한 장으로 소개하기에 이르렀다. 그 중국인에게서 퇴계의 학설은 주희보다 더 깊이 파고든 '중국 유학의 일부'로 대우받고 있다.

서양 철학자들의 눈으로는 그렇지 않다. 퇴계의 철학은 그들에게서 또 다른 시각으로 이해된다. 유네스코의 후원으로 세계의 『현대철학』 7권(아시아 철학)을 편집한 G. 풀로이슈타드Guttorm Fløistad는 내가 집필한 광복 후의 한국 유학 연구 동향을 가리켜, "유학의 여러 가지로 '해석되는 양상'들"로 받아들인다. 그의 눈에 비친 퇴계 철학 등에 대한 현재 한국 철학자들의 견해는 곧 '현대 세계 철학 속의 한국 철학'으로 파악, 평가되고 있다. 이 현상은 결국 독창적인 철학의 존재와 그 우수성의 중요함을 입증한다.

한국의 유학 가운데 독특하고도 우수한 철학은 퇴계 철학 같은 조선 시대의 성리학에만 있지 않고, 그 후기 '탈성리학적 실학'에도 많다. 탈성리학적 실학에 깃든 철학의 정리를 나는 동아에서 맨 먼저 『실학의 철학적 특성』이라는 이름으로 일단락 지었다. 그즈음, 다행스럽게도 나는 한국학술진흥재단에서 주관한 '석학과 함께하는 인문강좌'에 참여하게 되었다. 이 글은 바로 2008년 10월 18일부터 11월 15일에 걸쳐 5차례 행한 강좌(한 차례는 토론이었음)의 원고다.

유학의 내용은 주로 도덕설과 정치설로 이루어졌고, 그 가운데서도 도덕설이 핵심 위치에 있다. 한국 유학에서는 조선 시대의 성리학과 실학에 철학 요소가 가장 많다. 따라서 한국 유학에서 도덕철학을 찾아내려면, 조선 시대의 두 유학에 눈을 돌리게 마련이다. 지금 여기서 '조선 유학의 도덕철학'을 탐색의 대상으로 잡은 까닭이 이런 맥락에 있다.

강좌의 주체 측이나 출판을 담당한 측에서나 "알기 쉽게 강의하고, 알기 쉬운 글로 써 달라"는 것이 그들의 한결같은 부탁이었다. 본디 나의 말솜씨와 글솜씨도 매우 무디지만, 유학의 용어 자체가 '고유한 한자 용어'이고 철학 분야는 더 그러하다. 그 가운데 더러는 지금의 일상어로 번역할 만한 것이 있지만, 그러한 것은 매우 제한된 수에 지나지 않는다. 아무리 쉽게 표현하려 해도 넘을 수 없는 벽이 여기에 있다. 구차한 변으로 들리겠지만, 이런 여건들로 해서 결국 이 글도 난해하다는 평을 듣게 되었다.

내용의 서술은 대체로 도덕 형성의 가능 근거를 논하는 철학설들을 시대별(역사적)로 살피면서, 그것이 각 시대의 정치 사회와 어떤 관계에 있었는지 밝히려 했다. 이러한 나의 노력이 충분히 이루어지지 못했음이 새삼 아쉽다.

조선 시대 전체의 성리학적 도덕철학을 앞에 놓고, 후기 실학의 도덕철학을 뒤에 놓고서, 도덕철학의 윤리설에 드러나는 한국인의 독특한 철학설과 그 실제적 응용 사실을 구체적으로 밝혔다. 한마디로, '한국 철학의 특수성'을 드러내는 데 발표 또는 서술의 역점을 두었다.

이런 점은 한국 유학의 도덕철학이 중국 유학과 일본 유학에 비유된 심오성과 발전성을 입증하는 증거임을 독자들은 깨닫게 될 것이다. '한국인의 철학적 수월성'은 한국 불교뿐 아니라 한국 유학에서도 얼마든지 발견되는 것이 사실이다.

여기서 밝힌 한국 유학의 도덕철학에 담긴 특수성을 중국 학자는 중국 철학의 연장이라고 이해하려 하겠고, 다른 나라 철학자들은 세계 철학 중의 하나(한국 철학)로 대우할 것이다. 인류가 한 가족인 지금 우수한 철학에 주목하고 그것을 배우려는 것이 중요하지, 그 철학의 소속 문제가 중요하지 않음은 더할 나위 없다. 철학의 실제 내용의 유효한 발상과 그로 인한 '인류 사회에의 공헌', 바로 이 점에 '한국 도덕철학의 쓰임새'가 있길 독자들과 함께 나는 바랄 따름이다.

게으른 습성으로 해서 인문강좌가 아니었더라면, 나는 이 글을 쓰지 않았을 개연성이 높다. 한국학술진흥재단에 감사하면서, 강좌에서 사회를 맡았던 곽신환 교수, 토론에 참여했던 최영진 교수, 이광호 교수, 허우성 교수에게도 사의를 표한다. 강연자의 파워포인트 문제로 고생을 많이 한 제자들, 김근호 박사를 비롯한 한재훈·전성건 박사과정생들의 고생도 잊지 않고 있다.

출판을 맡아 준 한철희 사장님, 편집과 교정을 맡아 수고를 아끼지 않으신 최양순 님 등 여러분의 노고에도 충심으로 사의를 표한다.

2009년 7월

실상재에서 윤사순

차례

1장

권선징악을 위한 성리학적 응보론

I

한국 철학 찾기

한국인의 철학적 사유는 어떤 것인가? 그것은 어떻게 찾아질 수 있을까? 이 물음에 대한 답을 하려면, 먼저 '철학적 사유'란 어떤 형태의 무엇을 의미하는지부터 분명히 해야 한다. 철학 자체가 일정한 사유 방식에 의한 사유 내용이기 때문이다.

다 아는 대로, 철학은 인간 생활에서 부딪치는 모든 문제로서의 의문 사항들을 해결하기 위한 근본 원리적 사유라 할 수 있다. 근본 원리적 사유라 하더라도, 그것은 이론 체계를 갖추어 정형화된 것과 그렇지 않은 것으로 분별할 수 있다.

이론으로 정형화되지 않은 사유는 한국의 언어를 비롯한 문화에 깃든 사유인 만큼, 정형화된 사유보다 더 원초적인 성격을 띤다. 그러한 사유는 학문으로서의 철학 범주에 들지 않고, 철학을 이루는 파편적 요소로 간주될 따름이다. 그렇지만 이런 사유도 문화의 근본 바탕과 뼈대가 되기는 철학 범주에 드는 사유와 마찬가지다. 한국인은 독특한 언어와 문자, 그리고 독특한 문화와 유구한 역사를 가지고 있다. 언어와 문화 및 역사를 이루는 근본 바탕과 뼈대가 철학임을 상기하면, 한국의 철학적 사유가 많이 찾아질 것은 더 말할 나위 없다. 그러한 철학적 사유가 비록 철학의 파편에 비유될지라도, 그 나름의 높은 가치를 지니는 사실만은 충분히 인정받아야 한다.

여기에서는 이론으로 정형화된 철학을 대상으로 삼으려 한다. 비판적 이성으로 걸러 낸 사유의 정화라 할 철학을 검토해 보려는 데가 이 자리다. 이렇게 말하면 어떤 이는 벌써 "그 철학이 왜 유학인가?", "유학은 한국 철학이 아니라 중국 철학이 아닌가?"라고 반문할 것이다. 더할 나위 없이 유학은 중국에서 발흥했고, 한국에서는 그것이 전래된 학문임에 틀림없다. 그것은 원천적으로 외래 사상이고 외래 철학이다.

그러나 여기서는 그 '본래의 내원來源'에 집착하지 않음을 밝혀야겠다. 설령 외래라 하더라도, 유학을 한국인 나름으로 독특하게 수용하고, 한국인의 비판적 사유 역량에 따라 변개하고 보완하고 삭감하면서 새롭게 창출한 부분이 있으면, 그 부분들은 한국 유학이지 중국 유학이 아니다. 독특하게 수용, 변개해서 한국의 환경과 생활에 적합하도록 고안해 한국의 역사를 이끌어 온 것은, 아무리 유학의 이름과 그 특성으로 이루었다고 하더라도, 한국인의 사상이고 철학이 아닐 수 없다. 필자는 바로 이런 의미의 한국 사상, 한국 철학을 찾으려는 것이다.

중국 안에서도 엄밀히 살피면, 시대에 따라 흘러온 유학은 각기 분별된다. 선진·본원 유학, 한당·훈고 유학, 송명·성리학, 청대·실학 등으로 각기 분별된다. 이 같은 시각으로 파악하면 한국 유학은 중국 유학, 일본 유학 등과 서로 변별되고, 조선 시대 유학과 고려 시대 유학 또는 삼국 시대의 유학 등이 모두 다 변별된다.

필자는 지금 이런 변별의 시각을 가지고 조선 시대의 유학에 담긴 도덕철학道德哲學을 알아보려는 것이다. 따라서 이 고찰은 곧 '한국 철학 찾기'에 속하는 작업이라 하겠다. 한국 철학 찾기 또는 한국 철학 만나기의 일환으로 우리는 '조선 시대의 유학', 특히 그 유학이 지닌 '도덕철학'의 측면을 살피는 것이다.

어떤 이는 왜 하필 조선 시대 유학의 도덕철학이냐고 문제 삼을지 모르겠다. 앞으로 살피려는 '조선 시대의 유학'은 특히 '성리학'性理學이라는 이름의 유학이 큰 비중을 차지하고, 그것을 극복하려는 의도로 형성된 '실학'實學이라는 유학으로 이루어졌다. 성리학과 실학은 과거의 유학에 비해 철학의 사변성이 매우 뛰어난 유학들이다. 더욱이 조선 시대의 이 두 유학 모두가 뒤(본론)에서 확인하겠지만, 중국의 성리학과 실학에 비해 독특한 특징을 지닌 것으로 이미 학계에서 인정받고 있다. 따라서 유학 속에서 어떤 철학 사유를 살피려 할 때 이것들이 결코 간과되어선 안 된다. 이것이 조선 유학에 주목하는 필자의 첫째 이유다.

도덕을 문제시하니까, 어떤 이들은 유학의 옛 전근대적 도덕 관습과 복잡한 형식에 얽매이던 신분상의 봉건적(?) 예절을 떠올리고, 외면하려 들지 모르겠다. 그러나 여기서는 그것을 언급해야 할 경우가 있겠지만, '유학의 도덕철학', 곧 '유학의 윤리관倫理觀'을 근본적으로 다루려는 것이지, 그 관습화되었던 표층적 도덕 현상을 검토하려는 것이 아니다.

도덕철학인 윤리관의 문제는 역사 이래 어느 시대에나 인류의 가장 큰 철학적 과제다. 오늘날이라고 해서 그렇지 않은 것은 물론 아니다. 오히려 그 어느 때보다 글로벌라이즈된 상황의 인류 전체가 다양한 종교와 철학의 관습을 가지고 공존, 공생해야 하는 시대에는 더욱 이 문제가 중요하다. 다원적 가치관을 지닌 인류가 조화로운 공생을 영위해야 할 과제 앞에서는 윤리관의 문제가 어느 때보다도 더 절실하다고 해야 한다.

2

유학의 도덕 중요시 경향

유학자들은 예로부터 "어떻게 생활해야 할 것인가", 다시 말해 "어떤 태도로 살아가야 옳은가" 하는 문제에 가장 많은 관심을 쏟았다. 그들은 값지게 사는 방법을 추구하는 것을 가장 중요한 관심사로 여겨왔다. 그런 경향으로 말미암아 유학에는 공자 이래 '도덕설'道德說과 '정치설'政治說이 다른 어느 분야보다 두드러지게 발달되었다. 도덕설과 정치설이 유학의 중추적 분야의 위치를 차지한다.

유학이 이런 특징을 띤 데는 그럴 만한 학문적 배경이 있었다. 유학의 학문성을 맨 먼저 이끈 공자는 어떤 태도로 살아가야 옳은가의 문제에 답해, "자신을 닦고 사람들을 편안케 함"修己而安人이라고 했다. 이렇게 하는 학문이 곧 유학임을 그는 가르쳤다. 그의 이 가르침이 바로 그를 뒤따르는 사람들에게 '자신의 수양'을 바탕으로 하는 도덕과

'남을 편안케' 하는 정치에 치중하도록 했다.

도덕과 정치는 원래 긴밀히 관련된다. 두 가지는 방법에 차이가 있을 뿐, 사회 질서社會秩序를 바로잡는 것을 목표로 하는 데서 서로 같기 때문이다. 이처럼 도덕과 정치가 다 같이 질서 수립을 겨냥하더라도, 이 둘을 비교할 때, 유학자들은 도덕을 정치보다 앞세우면서 중요시한다. "도덕이 제대로 확립되어야 정치도 바람직해진다"는 뜻에서, 정치보다 도덕을 앞에 놓고 중요시하는 사상이 유학이다.

유학의 이상 정치 자체가 군왕의 '덕으로 다스리는 정치'德治와 '예로 다스리는 정치'禮治 또는 '인의仁義로 다스리는 왕도정치王道政治'라고 말해진다. 이는 최선으로 간주하고 지향하는 정치마저 넓은 의미의 도덕에 드는 성향을 나타낸다. 이처럼 유학의 이상적 정치에 도덕의 성향이 깃드는 데는 다음과 같은 역사적 유래와 그 원인이 있다.

유학의 도덕은 고대부터 '예'禮의 습속(예속)에서 성립되고 실천되었다. 그 습속에서 이루어진 예는 도덕을 핵심적인 성격으로 하지만, 그 밖에도 제도와 법과 사회 및 종교적 의식儀式 등을 다 겸하는 폭넓은 성격을 띠었다. 예는 결코 도덕만으로 단조롭게 이루어진 것이 아니다. 이 점은 예의 대표적 서적인 '삼례'三禮(『예기』禮記, 『주례』周禮, 『의례』儀禮)로 확인된다.

유학의 예는 실상 도덕과 법과 정치제도라고 해도 무방하다. 도덕의 원천인 예가 이런 까닭에 유학에서의 도덕은 정치와 밀접히 연관되면서, 정치의 토대로서 '사회 질서 정립'이라는 목표를 함께 이루려 한다. 한마디로 유학에서 예와 유리된 도덕과 정치는 상상할 수 없고,

정치는 도덕과 분리해서 논의될 수 없다. 같은 맥락에서 유학의 정치관에는 도덕의 성향이 깃들게 되었던 것이다.

유학의 '도덕'은 한낱 객관적으로 설정된 덕목만을 규범으로 여겨 실천토록 권장하는 데서 그치지 않는다. 특히 '도'道와 '덕'德 둘을 떼어 놓고 볼 때 더욱 그러하다. '도'는 물론 "사람이 마땅히 밟아 가야 할 길"當行之路이라는 의미의 '인도'人道일 때 한해서, 도덕 의미를 함유한다.* 한편 '덕'德은 타고나는 본성本性의 '선한 성향'을 의미한다.** 때문에 유학의 '도덕'이라는 합성어는 대체로 "본래 소유한 선한 성性을 (자각적으로) 구현해서 '마땅히 해야 할〔當爲〕 행위'를 하는 것"이라는 의미가 짙다. 이런 의미가 짙다고 하는 까닭은 유학의 '도덕'이 객관적인 규범 법칙을 의무적으로 행하는 데서 만족하는 단순한 '의무이행'과 크게 구별되기 때문이다.

비록 강제성을 띤 법률이 아니더라도, 의무적으로 행하길 요구하는 데서 그치는 개관적 규범을 도덕규범으로 지칭하는 사례가 유학에도 없지 않다. 꼭 일치하지는 않지만 대체로 '강상'綱常, '이륜'彝倫, '인륜'人倫 등의 함의가 그러하다. 그러나 규범 법칙을 의무와 마찬가지의 형식적 또는 기계적으로 실천하는 성격의 도덕은 '관습화된 예'와 크게

---

* 천도(天道)라고 할 때의 '도'(道)는 자연의 (필연적) 원리를 가리키면서, 인도의 준칙처럼 여겨질 경우가 있을 따름이다.

** '덕'(德)은 본래 글자 풀이〔解字〕에서 '득'(得)으로 이해했다. 태어날 때부터 가지고 나온 것, 곧 본성(本性)을 가리키는 의미가 이런 이해에서 나왔다.

다르지 않고, 그러한 것을 유학에서는 별로 중요시하지도 않는다. 자기의 본성을 덕목과 일치시키는 자각적인 자기 노력에 의한 선행善行의 실천을 중요시하면서, 그것을 도덕의 특성으로 여기는 경향이 유학에는 짙게 배어 있다.

유학에서는 실상 '도덕'이 '윤리'倫理와 자주 혼용된다. 물론 이 자리에서는 윤리를 "도덕적 규범의 총체"라든가 "선善을 실현할 당위의 원리"라는 의미로 사용함으로써, 도덕과 일단 구별하고자 한다. 필자의 용법으로 윤리는 곧 도덕이라 할 수 없고, 도덕의 준칙 일반 또는 도덕적인 원리에 해당할 따름이다.

필자가 이 글에서 사용하는 '도덕철학'道德哲學이란 이러한 의미의 '도덕규범과 윤리의 근거에 대한 성찰 이론'을 가리킨다. "도덕규범에 대한 근원적 검토" 또는 "윤리적 근거에 대한 탐구"의 정형화된 이론이 곧 도덕철학이다.

유학의 도덕 개념에 태생적으로 지닌 본성의 선한 성향을 자각적으로 실현할 것을 선행시키고 있음을 상기하면, 도덕과 도덕철학의 엄별 작업이 사실상 무의미할 가능성이 없지 않다. 그러나 그 구별이 전혀 불가능하지 않은 이상, 구별을 하려는 시도조차 무의미하지는 않다. 변별의식 없이 관습적인 행위 규범을 따르는 태도와 변별의식을 가지고 그 규범을 고찰하는 태도는 전혀 다르고, 그런 만큼 그 영향 또한 서로 다른 결과를 초래한다.

고대의 본원 유학本源儒學에서부터 유학자들은 도덕을 위한 덕목을 인간의 착(선)한 본성에서 찾았지 다른 데서 찾지 않았다. 유학자들은

'인'仁과 '의'義 같은 본성을 선한 것이라는 점에서 그대로 덕목德目으로도 여겨 왔다. 특히 성리학자들은 맹자가 전해 준 "부자유친父子有親, 군신유의君臣有義, 부부유별夫婦有別, 장유유서長幼有序, 붕우유신朋友有信"을 '오륜'五倫이라 했다. 그리고 이에 이용된 친親 · 의義 · 별別 · 서序 · 신信에 부합하는 '오성'五性의 인仁 · 의義 · 예禮 · 지智 · 신信을 가리켜, 다섯 덕목 의미의 '오상'五常이라고 했다. 이것이 본성을 덕목으로 생각하는 유학 사유의 가장 대표적인 사례다.

본디 오륜五倫의 항목과 내용은 전해 내려왔지만, 송나라 때까지 그 이름은 없었다. 그 이름은 송나라 유학계를 대표하는 주희朱熹 등이 창안해서 일컬은 것이다. 주희 등은 또 오륜과 더불어 한漢대 이후 이름만 전해 오던 '삼강'三綱에 그 내용인 "군위신강君爲臣綱, 부위자강父爲子綱, 부위부강夫爲婦綱"을 만들어 넣었다. 그 결과로 유학의 수직적 규범 체계인 '삼강 · 오륜의 도덕 체계'가 확립되었다.*

이어 정주程朱는 선善의 개념을 '마땅함'이라는 소당연所當然으로 규정했다. 그들은 나아가 그 규정을 이치, 원리인 '리'理의 의미에 더했다. 되풀이하면, 원래 단순히 법칙 · 이치 · 원리 정도를 가리키던 '리'의 의미에 정주 등은 '모든 운동 · 변화의 까닭所以然'이라는 의미를 더했고, 그 '리'에 선을 추구하는 (도덕 측면의) '마땅함'所當然을 또 더했다.

---

* 이러한 것이 지니는 성격을 본론에서 다시 상세히 논의할 것이다.

이후로 '리'는 자연의 필연적 원리임과 아울러 도덕적 당위인 '선善의 원리'와 '선 자체'라는 의미도 포괄하게 되었다. 주희는 다른 한편 선을 '기氣의 작용' 등의 이론으로도 설명하고, 나아가 심성설心性說까지 동원해 상당히 복잡하게 이론화한다.

필자가 이 자리에서 살필 내용은 이러한 개념과 명제들로 이루어진 이론이다. 그것을 다만 조선 시대 성리학자들의 도덕 이론에 초점을 맞추어 살피려고 할 따름이다. 그 이유는 앞에서 '한국 철학 찾기'라는 명제 아래 이미 밝혔지만, 그 외에 다음과 같은 부연이 가능하기 때문이다.

본디 조선의 성리학자들은 정주의 이론을 계승하면서, 그것을 조선이라는 특수 여건에서 학자 사이의 논변論辨을 통해 '계속 비판적으로 검토檢討'했다. 퇴계학파·율곡학파 등 학파學派들을 형성하면서 각 부문의 이론을 '집단적으로 독특하게 변용變容, 발전發展'시키는 데 철학 정신을 크게 발휘했다. 그 결과 심성설 같은 특수한 분야에서는 그들의 이론이 정주의 설보다 더 높은 수준에 오르게 되었다. 따라서 도덕과 같은 일정한 분야의 성리학 이론을 철학 차원에서 고찰할 때는 조선 시대 한국 성리학자들의 이론을 살피지 않을 수 없다.

조선 시대 성리학으로 이룬 '철학의 핵심적 심연'은 과거 동양의 어느 나라 성리학보다 깊은 차원에서 '창조적으로 발전시킨 이론들'로 되었다고 해 조금도 지나침이 없다. 조선 시대 학자들의 이론을 간과하고서 성리학의 이론들이 지닌 그 깊이를 결코 다 파헤쳤다고 할 수 없다는 것이 필자의 판단이다. 이런 판단에서 이 고찰은 조선 시대 성리학의 심연에 내재한 이론 가운데 한 부분인 '도덕철학'을 밝혀, 약간이나마 한국 철학의 진면목을 맛보이려는 것이다.

3

성리학의 기본 도덕규범

성리학은 중국 북송의 정호程顥(호 명도明道, 1032~1085)·정이程頤(호 이천伊川, 1033~1107) 형제에게서 거의 성숙되었지만, 알려진 대로 남송의 주희朱熹(호 회암晦庵, 1130~1200)에게서 집대성되었다. 북송 성리학은 고려에 일찍(12세기 초) 도입되었고, 주희의 성리학은 매우 뒤늦게 13세기 말엽에야 전래되었다. 그 원인은 고려 국내의 혼란과 외침으로 이어진 국제 관계에 기인한다.

북송이 멸망(1127)한 뒤 고려는 승려인 묘청妙淸의 반란(1135)에다, 거의 1세기간의 무인 집권(1170~1270)으로 유학이 쇠퇴했다. 그런 터에 금국金國의 압박과 몽고蒙古, 원元의 침략(1247~1273?)으로 고려와 남송 사이에 자유로운 학문 교류가 이루어질 수 없었다. 학문 교류의 부재로 주희의 성리학은 13세기 말엽에야 원을 통해 뒤늦게 도입되었고,

그 적극적인 연구는 명明의 성립(1368) 무렵부터 활발해졌다.

조선이 1392년에 성립하기까지, 고려의 정주성리학은 원나라 허형許衡 등의 영향을 받은 색채를 띠고 있었다.* 이러한 점부터가 '조선 성리학의 특징'에 든다. 여말 선초의 성리학을 대표하는 권근權近(호 양촌陽村, 1352~1409)만 해도 오징吳澄, 진호陳澔 등의 학설을 비판해 원나라 성리학의 영향을 부분적으로 불식하지만,[1] 그 원의 영향을 일시에 다 불식할 수는 없었다. 비판하는 것이 이미 그 영향에 속하는 현상이겠지만, 그에게도 어느 정도 원의 성리학 경향이 없지 않다.

성리학 자체가 중국에서 그네의 '외래 사상인 불교'를 극복하려는 의지로 말미암아 생긴 유학, 곧 중국 본위의 화이관華夷觀을 수반한 유학 부흥의 정신으로 이루어진 '신유학'新儒學이다. 성리학의 불교 배척에 수반된 화이관은 벌써 당말의 한유韓愈, 이고李翺 등에서부터 뚜렷이 나타나기 시작했다. 이런 특성으로 해서 주희 성리학까지 도입된 뒤에, 그 성리학은 고려인들에게 원에 대한 '문화민족의 자존심'을 일깨우는 데 도움이 되었다. 고려의 유학자들은 성리학을 익힐수록 수세기 동안 지녀 오던 한민족韓民族의 문화적 자존심을 다시 일으켜, 몽고족인 원을 한낱 북쪽 오랑캐北狄로 경시하면서 원의 간섭을 배격했

---

* 고려 말의 대표적 성리학자인 이색(李穡, 1328~1396. 호 목은牧隱)은 당시(고려) 성리학의 학통(學統)을 공자(孔子)-한유(韓愈)-(구양공)-주돈이(周敦頤)·정(程) 씨 형제-허형(許衡. 호 노재魯齋)이라고 해서, 주희(朱熹)를 빠뜨리는 대신 허형을 넣고 있어 원(元) 성리학의 영향을 짐작케 한다.

고, 아울러 고려의 국교였던 불교까지 배척했다.

이 불교 배척의 경향은 조선조의 성립과 함께 성리학이 새 왕조의 통치〔政敎〕원리로 채택됨을 계기로 매우 철저하게 적극화되었다. 조선 성리학자들은 그 초기부터 불교 배척 정책을 시행했다. 정책에 따라 그들은 이론의 차원에서까지 불교 배척에 동조했다. 조선 초 집권층의 성리학자들은 정책을 통해 불교풍의 '예속'禮俗을 청산하면서, 그것들을 성리학적인 예속으로 대체한다. 주희의 『가례』家禮 실시가 그러한 작업으로 가장 두드러진 사례다. 고려 말에 유입되어 일부 성리학자들과 조정에 의해 실천되기 시작한* 『가례』를 그들은 널리 준수하도록 적극 장려했다. 『가례』야말로 조선이 성립하자마자 정부 차원에서 권장해, 그 내용에 대한 숙지 정도가 '관리官吏의 자격'을 결정짓는 기준이었을 정도로 중요시되었다.**

『가례』는 가정생활에서 필요한 사례四禮, 곧 '관冠·혼婚·상喪·제祭'의 실천 규범이다. 그렇지만 이것은 조상 숭배 사상의 실천을 골간으로 한다. 그 점은 사당祠堂에 대한 의례儀禮가 첫머리에 자리한 것으로 알 수 있다. 따라서 이 책에서 가르치는 의례의 규범들은 실상 '효'

---

* 이색, 정몽주(鄭夢周, 1337~1392. 호 포은圃隱) 등이 3년상을 솔선해서 실행했다. 조정에서는 공양왕(恭讓王) 때 최초로 『가례』(家禮)에 따라 제례를 행하도록 조치한다.

** 태조 때 『가례』에 의한 3년상과 가묘제(家廟制) 시행이 권장되고, 특히 태종 때는 『가례』 실천의 구체적인 시책(施策)이 나왔으며, 평양부로 하여금 이 책 150부를 간인토록 해서 반포했다. 벼슬하려는 이들〔入仕者〕에게 『가례』를 시험치게 했을 뿐 아니라, 7품 이하의 벼슬아치들도 이 시험을 치렀다.

孝로부터 출발하는 성격을 지닌다. 효를 중심으로 한 '가부장적 도덕규범'을 가정을 통해 습득하도록 저술된 것이 『가례』의 특징이다.

가부장적 도덕규범의 특징을 띤 『가례』의 권장은 구체적으로 어떤 효과를 거두는 것이었을까? 그 답은 어렵지 않게 찾아진다. 『가례』의 권장은 성리학적 인정仁政을 지향하던 신생 조선이 그 정치 이념을 '가정의 도덕규범 차원'에서부터 먼저 인지시키고 구현하려던 의도에서 시행된 것이다. 본원 유학 이래 "효는 곧 인仁을 실현하는 방법 가운데 하나"孝悌也者 其爲人之本與也[2]라고 여겨져 왔음을 상기하면, 이러한 이해가 어렵지 않게 성립한다. 『가례』의 장려에 얽힌 '도덕적 함의'는 바로 성리학적 도덕의식의 생활화를 가정 단위에서부터 적극 실천코자 한 데 있었다.

본디 『가례』는 사사로운 입장에서 행하는 이른바 사가私家의 예다. 그런 만큼 조선 초의 집권층은 이와 대조되는 '국가 예'國家禮 또는 '궁중 예'宮中禮를 아울러 새롭게 제정해서 시행하도록 했다. 국호, 국통, 통치기구, 각종 제도 등이 담긴 『조선경국전』朝鮮經國典, 『경국대전』經國大典의 제작과 그에 이은 『국조오례의』國朝五禮儀가 바로 그것이다.

특히 『국조오례의』는 훈민적 교화에 힘쓰던 세종 때 시작되어 세조 때 완성, 간행된다. 오례五禮란 '길례吉禮, 흉례凶禮, 가례嘉禮, 빈례賓禮, 군례軍禮'를 가리킨다. 이 책은 궁중의 구성원들이 행할 갖가지 예와 규칙, 그리고 조정의 관원들이 대내외적인 행사에서 시행할 예와 규칙 및 군인들이 실행해야 할 각종 군제와 군율 등을 담은 내용이다. 이는 『가례』가 담은 '관·혼·상·제'의 사례를 국가 차원에서 명칭을 바꾸고 확대한 성격에 해당한다. 이는 그 성격에 있어 『가례』와 근본적으로 크게 다르지 않다.

가정생활과 국가 생활을 함께 도덕적으로 교화시키는 도서도 이 무렵(조선 초)에 간행되어 크게 장려되었다. 세종 때(1434) 설순偰循 등이 왕명에 따라 펴낸 『삼강행실도』三綱行實圖가 곧 그러한 것이다. 『삼강행실도』는 이름 그대로 '삼강'의 세 가지 규범을 실천 사례마다 그림과 해설〔圖解〕을 곁들여 가르친 책이다. 이 책은 과거 중국과 한국에 있었던 유명한 충신忠臣, 효자孝子, 열녀烈女의 실례를 아동과 부녀자들까지 알 수 있도록 쉽게 그림으로 그리고 간략히 풀어서 설명한 내용이다. 이는 '충'忠, '효'孝, '정절'貞節의 덕목을 상하 수직垂直 질서 속에서 익히도록 한 성격을 띤 책이고, 그런 점에서 유학의 '전근대적 도덕관'을 대표하는 것이다. 충·효·정절을 핵심으로 한 만큼, 『삼강행실도』는 효에 치중한 『가례』보다 더 폭넓게 성리학적 도덕의식을 국민 전체에게 교육하던 그 시대의 '국민윤리 교재'였던 셈이다.[3]

상하 수직적 도덕 질서를 중요시한 까닭에, 이 『삼강행실도』보다 훨씬 수평적 도덕의 성격을 담았던 '오륜'五倫조차 조선조의 성리학자들에게는 충·효·정절의 확대 구현에 다름 아닌 듯이 여겨졌다. 『오륜행실도』가 조선 중기(1797)에 나온 것도 성리학자들의 이러한 의식과 결코 무관하지 않다. 아무튼 『삼강행실도』와 『오륜행실도』가 널리 보급됨에 따라 조선 시대의 '전근대적 도덕 체계'의 뿌리가 확고해져 갔다.

4

불교 배척에 비친 도덕 확립 의지

조선 초 집권층은 고려 시대에 민간에서 관습화된 '불교의 도덕적 잔재'만 불식시키려 하지 않고, 불교 자체를 배척, 척결하는 데 열을 올렸다는 사실은 이미 언급했다. 이 시기 불교 배척에 가장 적극성을 보인 학자가 역성혁명의 대표적 주체로 조선조 성립 후에 태조李成桂 다음의 실권을 행사한 정도전鄭道傳(호 삼봉三峰, 1342~1398)이다. 그가 불교를 배척하는 데 끼친 영향은 성리학자 가운데 단연 으뜸이었다.

정도전의 불교 배척은 그 시기까지 대부분의 성리학자들이 불교의 '사원과 승려들의 폐해'를 그 배척의 이유로 삼았던 양상과 질적으로 크게 차별된다. 그 시대의 다른 성리학자들은 대체로 사원과 승려의 폐해 정도를 정책 차원에서 '상소문' 등을 통해 단편적으로 주장하던 데서 그쳤다. 그러나 그는 불교의 그러한 폐해는 물론이고, 나아가 철학사상 차원의 '이론적 약점과 폐단'까지, 특히 독립된 책자의 저술을 통해 철저히 비판하고 배척하는 데 앞장섰다.

정도전의 불교 배척 저술 속에는 불교의 윤리·도덕설을 성리학으로 비판하는 대목도 포함되었다. 불교의 윤리·도덕설에 대한 그의 비판은 불교의 근본 사상에 대한 포괄적인 비판의 맥락에서 이루어진다. 어느 철학에서나 윤리·도덕설은 일정한 인간관 및 우주관 등과의 연관 관계에서 논급되게 마련이다. 그런 만큼 이 자리에서는 '불교사상에 대한 그의 포괄적 비판'의 얼개를 먼저 살핀 다음, 그의 윤리·도덕설 부분을 검토하지 않을 수 없다.

정도전이 불교를 배척할 목적으로 지은 저술은 세 개다. 『심기리편』心氣理篇, 『심문천답』心問天答, 『불씨잡변』佛氏雜辨이 그것이다. 이것들의 저술 시기는 『심기리편』과 『심문천답』이 1394년 여름(5, 6월)이고, 『불씨잡변』이 1398년이다. 이 무렵은 바로 '조선조 성립 직후'라는 점이 눈길을 끈다. 이것들이 조선조의 성립과 때를 거의 같이해서 제작된 데는 저자 개인 사정도 있었겠지만, 그보다도 새 왕조의 정책 담당자로서 갖게 된 불교 배척의 시급성과 중요성에 대한 인지가 작용했을 것이다.

이 세 저술의 내용은 각기 다르지만, 불교 배척이라는 목표 아래 서로 긴밀히 연관된 점이 그 특징이다. 『심기리편』은 불교, 노장사상, 성리학의 핵심적 특성을 각각 심心, 기氣, 리理의 용어로 나타내어 성리학적 관점에서 세 사상의 우열을 비교한 내용이다. 그에 따르면 심은 의식의 작용인데, 그 작용을 할 수 있음은 기氣의 작위성에 기인한다.

바꿔 말해, 기가 있음으로써 심의 작용이 일어나지, 기가 없으면 심의 작용은 일어날 수 없다. 심과 기의 이러한 관계는 '심보다 기가 근원적임'을 가리킨다. 그는 '심'心보다 '기'氣가 근원적임을 내세워, '불교보다 노장사상이 우월함'을 주장한다.

이어 정도전은 기의 작용이란 그렇게 작용할 수 있게끔 하는 리理가 이치〔則〕와 원인〔所以然〕으로 있기 때문임을 지적한다. "리가 없으면 기의 작용은 없다"는 것이 그의 사유다. 이는 '기보다는 리가 더 근원적임'을 가리킨다. 다시 말해 이는 '노장사상보다 성리학이 우월함'을 가리키는 우열성의 간접 표현이다. 적어도 그의 사유로는 그렇다는 것이다.

이런 논리는 결국 불교보다 노장사상, 노장사상보다 성리학이 우월하다는 것이다. 이는 세 사상 가운데 '불교가 가장 열등'한 반면 '성리학이 가장 우월'하다는 논리다. 따라서 『심기리편』은 정도전이 불교의 구체적인 폐단을 논하기에 앞서 불교를 가장 열등시해, 불교에 대한 평가절하의 효과를 거두려는 저의가 담긴 저술이다. 이러한 내용은 불교에 대한 직접적인 비판이나 배척의 언설은 없지만, 하나의 '간접적인 불교 배척설'에 해당하는 내용임에 틀림없다. 따라서 그의 본격적인 불교 배척의 '터닦기'로 지어진 저술이 곧 『심기리편』인 셈이다.

『심문천답』은 글자 그대로 마음이 (하늘에) 묻고 하늘이 응답한다는 의미다. 이때의 하늘은 하느님, 곧 상제上帝를 가리킨다. '하늘을 리'天卽理라고 하는 성리학자 정도전이 이 경우 '하느님'으로서의 '하늘'을 이끌어 온 데는 아마 자신이 지닌 견해의 권위를 높일 속셈이 있었다고 짐작된다.

정도전은 『심문천답』에서 불교의 중요 사상 가운데 하나인 '선악응보설'善惡應報說을 다룬다. 『심문천답』이야말로 불교의 선악응보설을 대상으로 해서 그에 대응하는 이론을 제시하는 내용으로 이루어진 저술이다. 다만 응보설을 다루는 그의 방법 자체가 성리학의 리기 심성 등의 용어와 용법을 기준으로 이용한 점에 독특한 특징이 있을 따름이다. 성리학의 입장에서, 성리학의 사유와 용어로, 선악의 행위에는 각각 그(선악)에 해당하는 과업으로서 복福과 화禍 또는 길상吉祥과 재앙災殃의 응보가 따른다는 것을 주장한 내용인 만큼, 이 『심문천답』은 불교의 응보설을 '성리학의 응보설'로 대치한 저술에 해당한다.

예상외로, 정도전은 『심문천답』에서 불교 응보설의 폐단을 지적해 배척해야 마땅하다는 주장을 펴지 않는다. 그렇다고 불교의 응보설을 찬양하는 언설은 더욱 찾아지지 않는다. 이 저술에서 정도전은 불교의 응보설을 오류라고 직접 지적, 비판함이 없이, 성리학으로 이러한 이론이 가능함을 보인다. 이는 응보설에 관한 한, 성리학에 의한 '불교 대체 가능성'을 확인시키려는 의도로 지은 책이라고 판단된다.

그가 '성리학의 응보설'을 제시하고 있음을 보아, 불교의 응보설에 대해서는 불만을 가졌을 것은 짐작키 어렵지 않다. 그가 어떤 불만을 지녔었는지, 근본적인 불만이 어떤 것이었는지는 더 면밀히 알아보아야 할 점이다. 더욱이 응보설은 '선악의 행위'를 다룬 '윤리·도덕설'인 만큼 이 자리에서는 매우 중요시해야 할 문제다. 이것이야말로 반드시 검토해야 할 대상임에 틀림없다.

먼저 불교의 응보설에 그가 왜 불만이었을까 하는 의문부터 풀자. 필자의 짐작으로 그것은 불교의 응보설을 뒷받침하는 등 그것과 관련된 불교 이론들이 다 오류로 부당하거나 미비한 약점을 지녔다고 그가 생각했기 때문이었을 것이다. 실제로 정도전은 불교의 대표적인 이론들을 다 비판하고 있다. 그 사실을 잘 드러내는 그의 저서가 바로 『불씨잡변』佛氏雜辨이다. 이제 『불씨잡변』을 특히 응보설과 관련된 점을 중심으로 둘러보고 응보의 문제를 반추키로 하자.

이제까지 학계에서는 정도전의 『불씨잡변』을 그의 불교 배척을 대표할 뿐 아니라, 성리학으로 불교를 비판하는 데서는 어느 책보다 충실히 이루어진 저서로 정도전의 불후의 업적으로 여겨 왔다. 사실 이 책은 불교의 약점과 폐단을 다방면에 걸쳐 고루 지적한 것으로 유명하다. 승려와 사찰의 폐해를 비롯해, 불교가 지닌 기복 신앙의 미신적 허구성 및 성리학의 입장에서 파악된 불교 이론들의 미비점과 부당함 등이 다양하게 19항목으로 지적, 비판되고 있다.

그러나 이 내용들은 대체로 한유韓愈와 주희朱熹에게서 이미 나온 것들이다. 19항에 걸친 내용 전체가 그러하다. 정도전은 그것들을 모아 자기 이론화한 형식의 문장과 체계로 편술해 놓았을 따름이다. 그 내용의 독창성은 (앞 저술들과 다르게) 거의 인정될 수 없다. 그렇지만 이론 부분의 '성리학과 불교의 차이'를 두루 분명히 드러낸 점, 특히 성리학자들이 '불교 배척의 사상적 원인'으로 드는 이론들을 잘 갖추어 놓은 점을 높이 평가함에 인색할 필요는 없다. 그러한 점들이야말로 언제 어디서나 중요시하고, 이 자리에서도 반드시 살펴야 할 요긴

한 내용이다.

『불씨잡변』에 따르면, 불교에서는 현상 세계가 기氣인 사대四大(地水火風)로 이루어졌음을 인정하면서도, 이 세계를 '가'假 또는 '환'幻으로 파악한다. 불교에서는 이 세계를 환상과 같은 가상에 지나지 않는 것이라고 한다. 유학에서 진상眞常이라고 하는 '심성'心性을 포함한 모든 것을 불교에서는 '공'空이라고 한다. 이것은 유학에서 현상 세계를 오행五行(水木金火土)이라는 다섯 가지 기氣로 이루어졌다고 하면서, 감지되는 모든 것을 '진'眞 또는 '실'實로 파악하는 사고와 다르다.[4]

한편 불교에서는 공하다는 이 세계를 '인과因果의 이론'인 인연연기설因緣緣起說로 이해하면서, 인체人體는 일시적인 것〔假體〕으로 사망 후에 소멸되지만, 정신〔靈魂〕만은 불멸해 '윤회輪廻한다'고 주장한다. 그러나 정도전의 성리학으로 이해할 때, 일정한 기(오행)의 불량으로 생긴 병病이 의술에 의해 치료되는 사례로 보면, 모든 것이 인과로 이루어진다는 이론은 오류라는 것이다.[5] 정신 역시 성리학으로는 각각 '혼'魂과 '백'魄이라는 음양陰陽의 기에 지나지 않는다. 그 기란 어느 것이나 일정한 기간을 지내면 다 소멸되지 않는 것이 없다. 그리고 곡식의 경우 적은 분량의 씨앗을 뿌렸는데 뒤에 많은 양의 결실을 거두는 현상으로 보면, 일정한 무엇이 아무 증감 없이(인과 관계로) 윤회한다는 이론도 성립되지 않는다는[6] 것이 정도전 같은 성리학자의 사유다.

불교에 대한 이러한 성리학적 비판은 반드시 옳다고 할 수 없을 것이다. 이는 성리학의 전제적 이론들을 타당시할 때라야만, 그리고 불교 이론들을 정도전(『불씨잡변』)처럼 이해할 수 있다는 조건에서만 성립하는 비판이다. 이 외에 그는 불교의 천당지옥설, 심성설 등에 대해서도 다 비판하고 부정하지만, 그것들도 다 성리학을 본위로 하는 이론이기는 이것들과 마찬가지다.

정도전으로서는 불교의 이론 가운데 성리학과 같은 것은 문제가 되지 않는다. 성리설과 다른 이론이 문제인데, 그 다른 것 자체가 이론의 '오류'이고, 오류로 해서 불교의 '폐해'들이 생긴다는 것이 그의 신념이다. 폐해를 가져오기 때문에 그로서는 문제 삼지 않을 수 없는 처지다. 정도전이 불교를 배척한 궁극적인 이유는 불교사상이 가져오는 '현실적 폐해'로 귀착된다.

정도전이 볼 때 불교사상이 가져오는 폐해 가운데 가장 으뜸인 것은 "자비慈悲와 보시布施를 말하면서도, 인간의 윤리〔人倫〕를 가합假合이라 여겨, 자식이 그 부친을 부친으로 섬기지 않고 신하가 그 왕을 왕으로 섬기지 않아, …… 마침내 바른 원리, 곧 '의리'義理를 없애는[7] 사태"다. 이것을 그는 "불교의 인륜 훼기"毁棄人倫,[8] "윤리를 멸절함"滅絶倫理[9] 또는 "인간의 도덕을 소멸에 이르게 함"人之道至於滅[10]이라 표현한다.

결국 불교가 도덕을 소홀히 해, 가정과 국가 생활로 집약되는 사회생활에서 '도덕 질서를 파괴함'이 곧 불교사상의 가장 큰 폐해다. 이 때문에 그로서는 불교를 배척하지 않을 수 없다는 것이다.

5

도덕 확립을 위한 권선징악 의식

이제 미루어 놓았던 정도전의 『심문천답』心問天答을 다시 검토할 차례다. 앞서 밝힌 대로 『심문천답』은 행위의 선악에 대한 '불교의 응보설應報說'을 성리학으로 다룬 저술이다. 불교의 응보설이란 "선과 악의 성향에 해당할 행위를 하면, 그 행위가 원인으로 작용해 선행은 복福 또는 길상吉祥의 결과를 받고, 악한 행위는 화禍 또는 재앙災殃을 받는다"는 이론이다. 이는 앞뒤의 행위들을 '원인'과 '결과'의 관계〔因果〕로, 그리고 그 인과 관계에 선악의 가치관을 함께 융합시킨 이론이다. 응보설을 '인과응보설'因果應報說이니 '과보설'果報說이라고 부르기도 하는 것은 다 이런 특징으로 해서 붙여진 별칭이다.

이제까지 살핀 『불씨잡변』의 내용을 잠시 되돌아보면, 불교의 응보설에 대한 정도전의 견해가 실은 거의 다 드러났음을 알 수 있다. 무엇보다도 그 『불씨잡변』에서 '인과설'과 '윤회설'이 비판되고 부정되었기 때문이다. 인과설이 부정되면, 응보설은 자연히 따라서 부정되지 않을 수 없다.

더욱이 불교에서 말하는 '천당'天堂과 '지옥'地獄은 윤회설과 응보설을 바탕으로 해서 주장된다. 선행에 대한 지극한 선과善果 또는 응보應報로 '윤회하는 영혼'에게 따르는 곳이 천당이고, 그 반대로 악행에 대한 지극한 악과惡果 또는 응보가 지옥행이다. 그러나 정도전 같은 성리학자들은 윤회 자체를 부정하기 때문에 천당과 지옥도 철저히 부정한다. 이에 불교의 응보설은 그에게서 긍정될 수 없다.

그는 오히려 부처에 의지해 천당 등의 '복'을 구하는 불교인들의 태도를 '공도'公道대로 살려 하지 않고 개인의 쾌락 따위의 '사욕'〔私心〕을 채우려는 태도라고 비난한다.[11] 성리학은 어디까지나 사욕보다는 공도라고 할 '올바른 이치'義理를 따라 살려고 하는 이른바 윤리·도덕 본위의 사상임을 그는 역설한다.

이러한 정도전은 왜 그 응보설 자체를 단호히 부정하지 않았을까? 그가 오히려 『심문천답』에서 그 이론을 성리학으로 다룬 까닭은 무엇인가? 의문이 일지 않을 수 없다. 그 의문은 다음에서 풀린다.

불교의 '화복관'을 비판하는 『불씨잡변』 가운데 다음과 같은 글귀가 발견된다.

"천도天道가 선에 복을 주고, 악〔淫〕에 화를 줌에, 인도人道는 선에 상을 주고, 악에 벌을 준다……."[12]

이로 보면, 유학에도 불교의 응보설과 같은 "선善한 행위가 복을 받고 악한 행위는 화를 받는다"福善禍淫는 믿음이 있다. 유학에서도 본래 "모든 일의 귀추는 반드시 정당하게 되는 것, 곧 '사필귀정'事必歸正"을 믿고, "선을 권장하고 악을 징계해야 함, 곧 '권선징악'勸善懲惡"을 불변의 보편적 진리로 생각한다. 정도전도 선을 권장하고 악을 징계해야 함을 옳은 진리라고 생각하는 학자임에 틀림없다. 그렇지 않다면 저토록 철저하게 윤리와 도덕을 논하지 않았다. "선을 권장하고 악을 징계해야 함"이야말로 그가 추구하는 도덕적 태도다.

그가 '천도天道를 따르는 인도人道'를 탐구하는 데 매달리는 태도 자체가 선을 권장하고 악을 징계하는 의도에 말미암는다. 이 점을 고려하면 정도전이 인과설인 윤회설 등에 대한 비판을 『불씨잡변』에로 미루고, 『심문천답』에서는 오직 응보 문제만을 먼저 따로 성리학으로 다룬 까닭이 절로 짚인다. 그 까닭은 바로 응보설을 '불교설대로' 받아들일 수는 없지만, 응보설에 담긴 '선악의 도덕 정신만'은 긍정할 수밖에 없었기 때문이었을 것이다. 불교설은 버려야겠는데 응보설의 정신만은 버릴 수 없어, 그 자신이 성리학적인 응보설을 형성하는 데 착수했다고 이해해야 한다.

더욱이 권선징악을 옹호하는 정도전으로서는 불교의 응보설을 단순히 틀렸다고 하는 데서만 그칠 때엔 그 불교 응보설을 배척하는 효과가 매우 적다. 더 나아가 불교보다 성리학에 '바른 응보설이 있다'는 이론적 증거까지 분명히 제시해야 더욱 효과적이다. 그 길이 또한 성리학이 불교보다 실제로 우월함을 보이면서, '도덕 질서를 성리학으로 확립'하는 길이기도 하다.

이것은 정도전이 불교를 배척하고 성리학을 통치 이념으로 삼으면서 직면했던 그 시대의 '사상적 과제'이기도 했다. 성리학자로서 그는 스스로 믿는 '권선징악에 대한 근거'를 밝히는 '새로운 이론'을 누구에게 의지함 없이 독자로 제시해야 하는 관료학자의 위치에 있었다. 『심문천답』의 저술은 바로 이러한 과제에 대한 그의 자각에서 독창적으로 제작되었다고 믿어진다. 문제는 그의 성리학적 응보설이 어떠한가에 있다.

6

성리학적 선악응보론

선행이 복을 받고 악행이 화를 받는 이른바 '복선화음'福善禍淫에 대한 근거를 정도전이 어떻게 제시하는지, 그것을 이제 그의 『심문천답』의 글로 직접 살피기로 한다. 그는 응보설을 논하는 자리에서 아래와 같이 적고 있다.

"보報란 선악의 응효應效(대응하는 효과)다. 인간의 행위에는 하늘〔天〕이 보응〔報〕한다……. 인간이 선행을 하면 하늘이 복福으로 보응하고, 악행을 하면 하늘이 화禍로 보응한다."[13]

"선을 복되게 하고, 악〔淫〕에 화를 당하게 함〔福善禍淫〕이 그 리理의 정상〔常〕이다."[14]

정도전도 '복선화음'의 응보를 확실히 인정하지만, 그것을 "하늘이 하는 것" 또는 "리의 정상"理之常이라고 하는 데서 그의 견해가 불교의 설명과 같지 않다. 그는 이 복선화음의 이치를 (다른 데서는) "'의리의 공', 곧 올바른 이치의 공변됨"義理之公[15]으로 나타내기도 한다. 이같이 그는 응보를 인정하되, '천'天과 '리'理 또는 '의리'義理의 시각으로 인정하지, 결코 인과 관계나 윤회설로 인정하지 않는다. 불교처럼 인과 관계나 윤회로 응보를 이해하지 않고, 천·리·의리로 이해하는 바로 여기에 그의 응보설과 불교의 그것과의 차이가 있다.

정도전 같은 성리학자들이 사용하는 '천'天은 여러 뜻을 담은 용어다. 천은 '허공'을 비롯해 '하느님'인 '상제'上帝를 가리키고, 때로는 자연(만물)으로서 '우주'를 나타내며, "천은 곧 리"天卽理라고 하듯이,[16] '리'理의 뜻을 갖는다. 특히 '하느님'인 '상제'와 '리'의 뜻은 정도전의 문맥에서 가장 많이 구사되며, 때로는 상제와 리가 궁극적인 점에서 서로 동격同格으로 사용된다. 여기 두 인용문의 천과 리 (또는 의리)가 바로 그러한 실례다. 그가 천과 리에 기대어 응보설을 논하는 까닭은 이 둘(천과 리)이 신앙과 이론 측면에서 궁극적인 것으로 상정될 정도로 가장 권위를 지닌다는 사유에 있다.

원리·이치의 의미를 지닌 '리'를 실현하는 데 정도전이 '정상'正常의 표현을 붙임은 그 '비정상'非正常을 염두에 둔 것이다. 리에 정상과 비정상을 적용함은 구체적으로 무엇을 가리키나? 이는 선악의 행위에 따르는 그 보응이 항상 정상으로만 구현되지 않을 때가 있음을 나타내는 표현 아닌가? 리의 원리나 이치대로 되지 않는 때란 결국 복선화음의 '보응의 완전성과 불변성'을 논할 수 없는 경우에 해당한다. 그렇다면 복선화음의 보응은 하나의 '리' 또는 '천'으로 설명될 수 없는 사태에 이른다. 이렇게 되면 큰 문제임에 틀림없다. 이 의문에 대한 정도전의 답은 다음과 같다.

"그런데 의리의 공변됨[義理之公]이 간혹 물욕物慾을 이겨 내지 못하면, 그 선악의 보응도 전도顚倒되어 선행이 때로 화를 당하고 악행이 복을 받아, 복선화음의 원리가 불투명해진다. 그렇기 때문에 세상 사람들이 선을 따르고 악을 제거할 줄 모르고, 오로지 공리功利를 따를 따름이다. 이것이 바로 사람들이 하늘을 의심[惑]하지 않을 수 없는 까닭이다."[17]

그는 응보를 구현하는 데 때로 '올바른 원리[義理]의 전도' 또는 원리의 괴리라 할, 비정상 현상이 생김을 토로한다. 실제에서는 "때로 선행을 한 사람이 화를 당하고 악행을 한 사람이 복을 받는" 그 "전도 현상이 있음"을 그도 인정한다. 그 전도된 현상이 있기 때문에 사람들이 하늘을 의심하고 개인의 사익私益인 공리功利나 추구하게 됨까지 지적한다. 실은 정도전이 이 문제를 하느님[上帝]에게 질의하는 것도 이런 괴리 현상 때문임을 고백한다.[18]

응보 현상이 원리대로 되지 않고 오히려 전도 현상을 일으키는 원인이 문제다. 돌아보면 그 원인은 벌써 이 인용문에서 '물욕'物慾에 말미암는다고 했다. 이렇게 되면 하느님보다 더 중요시해야 할 것은 인간의 마음가짐이라는 이론이 나오게 된다. 이제 복선화음의 응보에서까지 '인간의 마음가짐'을 무엇보다도 중요시해야 되는 형국이다.

사실 정도전에 있어 '하느님'天(上帝)은 궁극적인 존재로 언급되었지만, 그 하느님은 알고 보면 전지전능한 '절대적 존재가 아님'에 유의해야 한다. 다음 글이 그 점을 드러낸다.

> "하느님〔天〕은 리를 사람에게 부여했지만, 사람들을 반드시 선善을 행하도록 부리지는 못한다. 사람의 행위가 그 도리를 잃음이 많아 천지天地의 조화〔和〕를 상하게 하는 까닭에, 재앙과 길상에 '원리의 바름'理之正을 이루게 할 수 없다. 이것이 어찌 하늘의 불변적인 법칙〔天之常〕이겠는가?" 19

이 글로 보면, 정도전이 생각한 하느님은 인간에게 선한 리를 부여하지만, 능력에 한계가 있어 '인간을 마음대로 부리지 못'한다. 그뿐 아니라 '화복'禍福의 자연 조건인 '재앙과 길상'도 좌우하지 못한다. 그 때문인지 인용문의 끝에서는 아예 하늘〔天〕을 인격신인 주재 천〔上帝〕이 아닌 리理와 같은 뜻으로 썼다. 이렇게 되면 응보는 역시 인간의 마음가짐의 문제로 돌아가고, 재앙과 길상은 천지 · 자연의 운동 변화의 문제로 돌아가게 됨을 알 수 있다.

먼저 정도전이 규정하는 '마음'과 '물욕'을 알아보자.

> "마음〔心〕은 하느님의 머무는 곳〔上帝之所居〕이다. ……마음은 하느님이 준〔命〕 리로 (받아) 사람을 주재主宰하는 것으로, 만물에서 가장 영명한 것〔最靈〕이다……. 마음〔方寸之間〕에 사욕私欲이 없으면, 내 마음의 리가 곧 하늘

에 있는 리고, 하늘에 있는 리가 곧 내 마음의 리다."[20]

"물욕이 내 마음의 천리天理를 해친다……. 사람의 욕망은 물체와 내가 다 형체를 이룬 뒤에 생기지만, 그 욕망의 발출을 제어하기는 어렵다. 이것이 야말로 그 일상 언동에서 리를 따르게 하기는 어렵지만 욕망대로 따라 주긴 쉬운 것이다……. 사람의 이 신체는 하루도 물체를 떠나 홀로 있을 수 없는데, 조금이라도 삼가지 않으면 밖의 온갖 물체가 이 마음을 해친다. ……이것이 천리가 병통을 당하는 까닭이다."[21]

다른 성리학자들과 마찬가지로 그는 『중용』에서 "하늘이 명한 것을 성性이라 한다"天命之謂性고 한 명제를 "성이 곧 리다"性卽理의 관점에서 받아들여, 사람의 마음에는 "하늘이 준〔命〕 리가 있다"고 한다. 성으로 통하는 리로 말미암아 마음은 그 개인을 '주재'하고, 마음의 '영명성'도 갖는다. 하늘의 리〔天理〕 또한 마음의 리와 같을 뿐, 서로 다르지 않다.

마음을 지닌 사람은 또한 물체로 되었으며, 다른 물체들과의 온갖 관계 속에서 산다. 그 물체들과의 관계에서 (공공의 욕구와 변별되는) 물욕物欲인 사욕私欲이 일어나는데, 그 사욕으로 하여금 리를 좇게 하기는 어렵고, 도리어 사욕대로 따르기가 쉽다. 쉬운 대로 사욕을 따를 때 바로 천리라 할 (절대적인) 리가 병통의 해를 입게 된다.

사욕이 일어나 리를 해침이 이와 같지만, 그렇다고 마음이 그 사욕을 결코 이겨 낼 수 없는 것은 아니다. 정도전은 마음의 능력이 사욕을 이겨 낼 수 있음을 확신한다. 이런 점에서 그는 '마음'(心)을 맹자가 말한 '기'氣와 '지'志와의 관련에서 설명한다.

"정주의 주해로 보아도, 지志는 마음의 가는 바(所之)로서 기氣의 장수다. 기는 사람의 몸을 가득 채운 것으로, 지의 졸병(卒徒)이다. 마음은 천군天君으로서 지를 가지고 기를 통솔해 물욕을 견제한다. 이는 마치 군왕이 장수에게 명해 병졸들을 이끌고 적을 방어함과 같다……. 성誠과 경敬은 갑옷과 투구고, 의義와 용勇은 창과 방패다……. 참으로 성과 경을 갑옷과 투구 삼아 스스로 지킬 수 있으면, 마음 보존(操存)이 군건해 뜻(志)을 빼앗기지 않을 수 있다. 의와 용으로 창과 방패 삼아 스스로 호위하면, 억제(裁制)함이 엄해서 물욕(欲)이 침범하지 못한다."[22]

"처음 (하늘이) 명을 부여할 때 틀림없이 사람에게 인의예지仁義禮智의 성性을 주었다. 이는 사람에게 이 성을 따라 선善을 하게 한 것이다. 그 결과로(끝에 이르러) 보응이 드러나 선악의 효험이 이처럼 돌아오니, 이 어찌 처음과 끝에 (하늘이) 명한 바의 괴려乖戾가 생김이겠는가?"[23]

정도전에 따르면 "마음(天君)은 '지'志를 가지고 물욕의 근원인 '기'氣를 통솔할 수 있어, 마침내 그 물욕을 견제하게 된다"는 것이다. 더 풀면, 사욕 또는 물욕은 근본적으로 몸을 채운 기氣로 말미암아 생기므로, 그 기를 다룰 수 있는 '의지'(志)를 군건히 하면 물욕 또한 일어나지 않거나, 물욕을 이길 수 있다는 것이다.

이때 의지를 굳건히 하는 데는 경敬과 성誠 및 의義와 용勇의 수양을 철저히 해야 함을 그는 덧붙인다. 수양의 노력을 기울이지 않고는 의지를 굳게 다질 수 없다는 뜻에서 그는 성과 경 및 의와 용을 각기 갑옷과 투구 및 창과 방패에 비유하고 있음이 흥미롭다.

더욱이 정도전은 인간이 태생적(선천적)으로 마음속에 리로서의 본성을 타고남을 환기한다. 그 '인의예지仁義禮智의 본성'은 또한 선행을 할 수 있는 능력이 아닌가? 이런 능력임을 그는 "이는 사람에게 이 성을 따라 선善을 하게 하는 것"이라고 했다. 따라서 이 본성을 좇는 한 선악의 응보에 전도 현상의 괴려 문제가 생기지 않는다는 것이 그의 견해다.*

재앙과 길상을 일으키는 우주, 자연의 측면은 어떤가? 성리학자들은 감지되는 모든 개체를 다 기氣(곧 음양오행陰陽五行)로 이루어졌다고 한다. 정도전도 마찬가지다. 그는 인간과 만물이 다 기로 이루어졌음을 이미 앞서 지적했다. 그는 그 점을 다시 내세워 아래와 같은 이론을 제시한다.

> "원래 천지 만물은 같은 하나의 몸〔同一體〕이다. 때문에 사람의 마음이 바르면〔正〕 천지의 마음도 바르고, 사람의 기가 순順하면 천지의 기도 순하다. 이것이 참으로 천지에 재앙과 길상이 사람의 하는 일〔人間事〕의 바르고

---

* 이에 대한 비판적 성찰은 곧이어서 나온다.

그름〔得失〕에 따라 되는 연유다. 사람의 하는 일이 바르면 재앙과 길상이 그 정상의 원리대로 되고, 사람의 하는 일이 그르면 재앙과 길상이 그 정상에 반한다." 24

"원래 만물에 대해 천지天地란 무심하게 화성化成하는 것이어서, 그 리理의 저절로 그렇게 됨〔自然〕을 베풀 수 있지만, 그 기氣의 비상 상태〔或然〕를 이겨 내지는 못한다. 이는 마치 사람의 행위를 하느님〔上天〕일지라도 어쩌지 못함과 같다." 25

그에 따르면, 기의 측면으로 인간과 천지 만물은 같은 '한 몸'이어서 인간이 자연 현상에 영향을 끼칠 뿐, 다른 것은 영향을 끼치지 못한다. 천지天地나 하느님조차 자연〔萬物〕에 대한 실제적인 영향을 끼치지 못한다. 천지의 생성 변화란 "무심하게 저절로" 되므로 다만 "리의 자연한" 현상이라고 할 수 있을 뿐, 무엇이 그렇게 되도록 한 것이 아니다. 기로 이루어진 자연〔萬物〕에 영향을 끼친다면 인간이나 가능하지, "하느님〔上天〕조차 어쩌지 못한다"는 것이 그의 주장이다. 당연의 이치에 어긋나는 기 작용, 그 괴려·전도 현상은, 마치 인간의 악한 행위를 하느님이 미리 막지 못하듯이, 하느님으로서도 어쩌지 못한다는 것이다. 따라서 기 작용의 괴려·전도 현상 또한 "인간이 하기에 달렸을 따름"이라는 것이 그의 견해다.

천지·자연의 생성 변화와 하느님의 관계인 위 두 번째 글을 시작하면서, 그는 다음과 같다고 한다.

"무릇 하늘의 몸체가 지극히 커서 모든 것을 덮을 수 있지만 싣지는 못하며, 모든 것을 생겨나게〔生〕 할 수 있지만 자라나 이루어지게는 못한다. 하늘의 직분은 덮음이고 땅의 직분은 싣는 것이며 하늘은 생을 주관하고 땅은 이룸〔成〕을 주관한다. 하늘과 땅이라고 해서 참으로 무엇이나 다할 수는 없다."[26]

인간보다 그 크기와 위력이 대단한 하늘〔天〕과 땅〔地〕일지라도 만물이라는 자연과의 관계에서는 어떤 조작적인 영향을 끼치지 못한다. "이는 마치 하느님이 인간을 어쩌지 못함과 같다"고 하는 데서, 이 점에 대한 그의 설명은 더없이 명료하게 표출되었다. 자연 현상으로 생기는 '재앙과 길상'까지도 인간들의 행위의 바르고 그른 데 달렸다는 것이 그의 견해다.

정도전의 견해로는 행위 뒤에 일어나는 화복禍福과 재상災祥이 다 인간 자신의 책임일 따름이다. 이는 결국 선악 응보를 내리는 무슨 '객체'가 없음은 물론이고, 그러한 것을 담보하는 어떤 '객관적 근거'가 근본적으로 없다는 뜻이 된다. 이러한 그의 이론은 선악의 행위를 인간 자신이 할 수 있는 근거를 밝히는 내용일 뿐, '응보를 담보하는 근거'에 대한 이론이 아니다. 이상의 내용만 가지고는 응보를 보증하는 근거에 대한 이론이 성립될 수 없다.

다행히도 그의 이론은 이로 그치지 않는다. 이 문제에 대한 그의 견해는 아래와 같이 더 이어진다.

"하늘은 곧 리〔天卽理〕이고, 사람은 기세계에서 행동〔人動於氣〕한다. 리는 본래 작위가 없지만 기는 작위〔用事〕한다. 작위 없는 것은 고요하기 때문에 그 법칙성〔道〕이 느리게 나타나지만 불변〔常〕이다. 작위하는 것은 움직이기 때문에 그 응효가 빠르지만 늘 변한다. 재앙과 길상의 일정치 않음은 다 기로 말미암아 그러하다. 이 기수氣數의 변이는 비록 그 리의 정상〔理之常〕을 이기더라도, 그런 것은 특히 하늘이 아직 안정되지 않은〔天之未定〕 때(잠시)일 따름이다. 기는 늘었다 줄었다 하지만〔消長〕, 리는 불변이어서 오랜 기간에 이르러 하늘이 안정되면〔天定〕, 그 리가 틀림없이 그 정상으로 되고 기 또한 따라서 바르게 되니, 복선화음의 이치가 어찌 민멸되겠는가!"[27]

"하늘과 사람의 관계에 있어 비록 서로 이기고 지지만, 사람이 하늘을 이김은 일시적(잠시)일 뿐 항구적일 수 없다. 하늘이 사람을 이김은 긴 기간이라야 결정된다. 그런 까닭에 악〔淫〕은 반드시 끝까지 보장되지 못하지만, 선은 반드시 뒤에 경사로움이 있다."[28]

여기서 말한 '하늘'의 의미는 '하느님'이 아니다. 이것은 안정 여부라는 표현을 썼듯이 '자연'을 상징하기도 하고, "천즉리"라 했듯이 리를 가리킨다. 글 전체는 꽤 장황하지만, 집약하면 긴 내용도 아니다. 그 줄거리는 다음과 같다.

자연(하늘)과 인간의 관계로나 리기의 특성으로나, 일시적으로 보지 말고 장기적으로 보면 복선화음의 응보는 이치상으로 맞고, 실제로도 마침내 실현된다는 것이다. 그 까닭은 특히 리기理氣의 특성 때문이다.

리기의 특성으로 볼 때 악행은 '기의 작용'이 리의 이치 또는 원리대로 되지 않아서인데, 그 기 작용은 수시로 변하는 만큼 일시 리에 어긋났더라도 장기적으로는 리의 바른 원리를 따르는 식으로 작용한다. 장기간으로 보아, 리의 이치나 원리를 따르는 식의 기 작용은 다름 아닌 선을 구현하는 작용이다. 이로써 악을 누르고 선이 이긴다는 것이다.

그에 따르면, 이는 마치 인간이 간혹 하늘을 이기는 때가 있더라도 장구하게 보면 하늘이 인간을 이기는 것과 같다. 불변하는 리의 원리가 일시적인 기의 작용을 이긴다고 함은 곧 선악의 응보에 전도나 괴리 현상이 끝내 불식됨을 가리키는 것에 다름 아니다. 그의 성리학적 응보설의 결론이 여기에 있다.

정도전은 결국 응보설의 '궁극의 근거'를 이치·원리를 함유한 '리의 불변적 실재성'에 두었음이 분명하다. 이는 그에 있어 복선화음이라는 응보를 담보하는 것은 '불변적으로 실재하는 리 자체'라는 이론이라 할 수 있다. 이상이 불교의 응보설에 대응하기 위해 정도전이 구상해서 제시한 성리학적 응보설이다.

7

성리학적 응보설에 대한 성찰

리를 불변적인 실재로 간주하는 사고는 정주 이후의 성리학설에 속한다. 이것을 긍정하고 부정함에 따라 성리학 안에서도 리나 기에 치중하는 이른바 주리主理, 주기主氣의 이론 경향이 갈린다. 정도전의 리에 대한 견해는 조선 유학에서 그 주리설을 선도한 견해에 해당한다.

리의 실재성은 경험을 유추해서 상정한 것인데, 이에 대한 비판 작업은 여기에서 담당할 범위를 벗어난다. 여기서는 리의 실재를 내세워 성리학으로 다룬 정도전의 응보설만 성찰하겠다.

선행에 복이 따르고 악행에 화가 따라야 함은 선행의 권장과 악행의 징계를 위해 그 필요성이 참으로 인정할 만하다. 그러나 복선화음福善禍淫이 실제로 잘 실현되지 않는 데 문제가 있다. 정도전도 '전도'顚倒 현상이라고 했지만, 복선화음이 실현되지 않을 뿐 아니라, 오히려 악행 이후에 부유해지는 식으로 그 반대 현상마저 생기는 것이 심각한 문제다.

정도전은 장기간에 걸쳐 보면 복선의 응보가 보장되는 것으로 주장했다. 그러나 일정한 행위의 결과를 두고 '사필귀정'事必歸正이 되도록 하는 것과 무작정 장기간을 한없이 기다려야 함은 서로 다른 성질이다. 복선화음이 잠정적이나마 실현되지 않는 사실은 그 응보가 실제는 '필연'必然으로 이루어지는 것이 아님을 시사한다. 그 사실은 선악의 응보 원리가 실은 필요에 의해 '당위當爲로 요청要請된 원리임'을 드러내는 증거다. 정도전의 리의 실재성에 근거한 그 응보의 보장은 '요청된 원리의 실현 대기'에 그친 상태 이상이 아니다. 그것은 차라리 선행을 귀중한 가치로 인정해서 의무義務로 실천하게 하는 이론만큼도 효과를 거두기 어렵다.

그럼에도 정도전의 선악응보설이 성리학의 세계에서는 전폭적으로 긍정되지 않을 수 없었다. 그의 이론이 불교에서 볼 때는 비판의 여지가 없지 않지만, 성리학의 측면에서는 다 납득할 이론을 동원한 것이었기 때문이다. 성리학의 시각으로 판단하면, 그의 응보설은 매우 '정치하고 타당한 이론'으로 평가되기에 충분하다. 중국, 일본 등 다른 나라에서 불교의 응보설에 대응하는 성리학의 이론을 이토록 진지하고 심오하게 정립한 사례는 찾아볼 수 없다. 성리학적 응보설로는 정도전의 이것이 '획기적인 이론'이라고 할 만하다.

더욱이 그는 부처의 절대적인 능력을 인정하지 않았음은 물론, 일반 통념으로 절대시하던 하느님〔上帝, 天〕의 능력마저 절대화하지 않았다. 그는 인간의 악한 행위를 하느님〔上天〕으로서도 미리 다 막지 못한다고 함으로써 우리의 눈길을 끌었다. 기 작용을 논함에서도 그는 하느님과 자연으로서의 하늘의 능력을 제한하고서, 기의 괴려 작용마저 그 자체의 원인으로 일어남〔自然〕을 주장했다. 선악의 행위란 그에 따르면 심지어 하느님에 달린 것도 아니고 오로지 인간 자신의 마음먹기에 달린 것이다.

이런 점에서 정도전의 이론은 인간 스스로 성경誠敬의 수양을 통해 선善에 대한 굳건한 의지〔志〕와 용기〔勇〕로 자신의 타고난 선한 본성〔五常〕을 자각해서 구현토록 하는 이론이었다. 이는 행위의 동기로부터 결과에 이르기까지 어디까지나 '합리성'에 따라 설정한 이론이다. 따라서 당시 불교의 응보설보다 대중적인 효과를 더 거두기 어려웠을지 모르지만, 이것은 인간의 '주체적 자율성自律性'을 강조한 특징을 띤 이론이고, 그런 점에서 불교의 응보설보다 훨씬 세련되고 우수한 철학설이다.

정도전의 응보설은 '의지의 자유'를 암묵리에 근저로 한 인간의 주체성 확립을 지향한 이론이다. 이 점을 고려하면 그의 이론은 천당, 지옥 등의 '보상報償 심리' 위에 세워진 불교의 타율적 윤리설과는 전혀 다르다. 이것은 보상보다는 당위성〔所當然〕이라는 원리 원칙을 스스로 깨달아 실천하는 '자각적이고 자율적인 윤리설'에 해당한다.

이로써 정도전은 그의 시대 성리학으로 감당해야 하는 '권선징악의 근거'를 적어도 불교보다는 더 합리적인 이론으로 제시했다. 이렇게 해서 그는 불교를 배척하고 성리학으로 그 불교의 자리를 대신하게 하려는 '그 시대의 철학적 과제'를 푸는 데 크게 공헌했음을 알 수 있다.

정도전의 윤리설이 선행에는 '선과善果가 따른다'는 응보 자체, 곧 일종의 '보상'에 해당되는 관념을 버리지 못한 점은 부정할 수 없다. 더욱이 그가 암묵적으로 선의 원리와 복상福祥의 담보로 상정한 그 '리의 실재'는 또 어떻게 확증할 수 있는가도 문제로 남는다. 이 문제에 대한 답이 그에게서 나오지 않는 한, 그의 이론에도 '난제적 한계'가 있음을 부정할 수 없다.

그의 이론에 깃든 자각과 자율의 성향은 다만 불교에 비교할 경우에나 인정받을 수 있다. 이런 윤리설의 한계가 곧 그의 성리학적 응보설에 깃든 '불교적 영향'이라 할 수 있다. 그러나 그 영향은 불교 배척을 목적으로 한 이상, 그로서는 그러한 것에 구애됨이 없이 앞으로 불교를 제거한 상태에서 성리학만의 자유롭고 활기찬 발전을 기대했을 것을 상상하기 어렵지 않다.

주

1 권근, 『예기천견록』(禮記淺見錄) 참조.

2 『論語』「學而篇」.

3 이와 같은 윤리 교재로는 『이륜실행도』(二倫行實圖)와 『오륜실행도』(五倫行實圖)가 있지만, 이것들은 다 이보다 훨씬 뒤에 나왔다. 앞의 책은 1518년(중종 13), 뒤의 책은 1797년(정조 21)에 간행되었다.

4 鄭道傳, 『三峰集』 권9, 『佛氏雜辨』, 「佛氏眞假之辨」, 262쪽; 「儒釋同異之辨」, 267~268쪽.

5 앞 책, 『佛氏雜辨』, 「佛氏因果之辨」, 256쪽.

6 앞 책, 『佛氏雜辨』, 「佛氏輪廻之辨」, 256쪽.

7 앞 책, 『佛氏雜辨』, 「佛氏慈悲之辨」, 262쪽.

8 앞 책, 『佛氏雜辨』, 「佛氏毁棄人倫之辨」, 261쪽.

9 앞 책, 『佛氏雜辨』, 「佛氏眞假之辨」, 263쪽.

10 앞 책, 『佛氏雜辨』, 「闢異端之辨」, 274쪽.

11 앞 책, 『佛氏雜辨』, 「佛氏禍福之辨」, 265쪽.

12 앞과 같음, 266쪽.

13 『三峰集』, 『心問天答』, 「心問篇」, 290쪽.

14 앞과 같음, 291쪽.

15 앞과 같음, 288쪽.

16 앞 책, 『心問天答』, 「天答篇」, 291쪽.

17 앞 책, 『심문천답』, 「심문편」, 288쪽.

18 앞과 같음.

19 앞 책, 『심문천답』, 「천답편」, 289쪽.

20 앞 책, 『심문천답』, 「심문편」, 288~289쪽.

21 앞과 같음, 289쪽.

22 앞 책, 『심문천답』, 「심문편」, 289~290쪽.

23 앞과 같음, 291쪽.

24 『삼봉집』, 『심문천답』, 「천답편」, 292~293쪽.

25 앞과 같음, 293쪽.

26 앞과 같음.

27 앞 책, 『심문천답』, 「천답편」, 291쪽.

28 앞과 같음, 293쪽.

2장

오류 체계 확고화 성향의 이론

I

리의 '당연'을 찾는 윤리관

조선 시대는 불교 배척을 역사 이래 가장 적극적으로 하던 시대였다. 유학의 이론과 정책을 통해 불교가 그처럼 극심하게 배척받은 시대는 없었다. 그 원인은 유학인 성리학이 통치 이념으로 되었던 때문이다. 성리학계의 극심한 배척으로 말미암아 불교계는 쇠퇴하지 않을 수 없었다. 비록 불교 신앙만은 앞선 시대보다 못한 상태나마 서민과 사대부의 아낙네 사이에서 그 깊은 뿌리의 영향력을 발휘했지만, 막상 승려 사회에서 학문적인 측면은 매우 취약해졌다. 조계종曹溪宗 이름의 선불교禪佛敎로 불교의 명맥만 이어지고 있을 정도였다.

불교계의 이런 상태는 결국 유학인 성리학의 독존적 발전만을 자유롭게 구가할 수 있게 했다. 불교의 '응보설'應報說에 대한 정도전의 조치, 그 성리학적 응보설은 일반인에게 끼치는 불교의 영향력 가운데 가장 위력을 지녔다고 믿고 있던 성리학자들의 우려를 일단 걷어 낸 조치에 해당한다. 그것은 조선에서 유학의 도덕적 측면에 끼치는 불교의 방해에 대한 성리학자들의 근심을 덜어 낸 정도전의 탁월한 업적이었던 셈이다. 그 업적은 도덕적 측면에 대한 성리학 이론의 그 다음 단계로의 발전을 가능케 한 그의 공로였다. 실제로 정도전 이후 그 다음 세대의 성리학자들은 불교철학에는 더 이상 비판적 관심을 쏟지 않은 채, 성리학의 새로운 연구에만 탐닉했다.

정확히 말하면, 정도전 그 시기부터도 불교철학에 대한 비판에는 성리학자들이 특별한 업적을 내려고 하지 않는다. 불교 배척의 행보는 함께할지라도, 그 스스로 정도전 이상의 배척설을 냈던 학자는 보이지 않는다. 불교 배척에 보조를 맞추면서도 스스로는 오히려 자기 성리학 연구에 매진한 학자를 볼 수 있다. '양촌'陽村 '권근'權近(1352~1409)이 바로 그러한 학자다.

권근은 정도전과 같은 시기에 성리학자로 활동한 인물이다. 그는 조선 초 정주성리학에 누구보다도 깊은 조예를 지니고, 그 입장에서 가장 많은 업적과 연구의 새 경지를 이룬 학자다. 정도전이 정주성리학을 이용해 척불의 이론을 자기 나름으로 이루는 데 크게 공헌했던 데 비해, 권근은 스스로 정주성리학을 연구하는 데 매진해 '연구의 새 경지'를 열어 놓는 데 크게 이바지했다.

권근도 그 시대의 성리학자답게 불교 배척의 입장에 섰고, 실제로 정도전의 척불 이론 형성에 적극 동조했다. 그는 정도전의 『불씨잡변』, 『심기리편』, 『심문천답편』에 모두 '서문'을 지어 주면서 각 저술 내용의 해설도 곁들였다. 그렇지만 그 자신은 불교를 배척하는 특별한 이론을 남기지 않았고, 간단한 척불 견해의 파편을 남겼을 따름이다.

권근은 도리어 성리학의 전문적인 연구에 심혈을 기울여 이론 분야에서 '깊이를 더하는 업적'을 남겼을 뿐 아니라, 후진 교육에 필요한 성리학의 '개설적 입문서'를 지은 것으로도 유명하다. 그의 성리학 연구 업적은 정주의 입장에서 낸 '경전 주해'經典註解인 『오경천견록』五經淺見錄*으로 대표되고, 성리학의 개설적 입문서로는 『입학도설』入學圖說이 있다.

그의 『입학도설』은 성리학의 기본 개념 및 성향과 이상에 대한 설명을 담았고, 초학자들이 알기 쉽도록 도해圖解를 곁들여 설명한 각종 유교 경전의 기본 사상을 밝혔다. 그의 경전 주해 가운데서는 『예기천견록』禮記淺見錄을 으뜸이라 칠 만하다. 그는 『예기천견록』 저작에 10여 년에 걸친 세월을 할애하면서 온갖 정성과 정력을 쏟았다. 이는 그의 '수양과 도덕'에 대한 관심의 지대함을 드러내는 증거다. 『예기』는 다 아는 대로 유학의 '예'禮를 논한 서적 가운데 도덕에 해당하는 내용〔禮〕을 가장 많이 다룬 것이고, 첫머리부터 '경'敬의 마음가짐을 밝히는 식으로 수양을 가르친 서적이다.

『예기』 주해에 그가 심혈을 쏟았다는 것은 곧 도덕을 중요시한 그

---

* 『오경천견록』(五經淺見錄)은 『예기천견록』(禮記淺見錄), 『역경천견록』(易經淺見錄), 『시경천견록』(詩經淺見錄), 『서경천견록』(書經淺見錄), 『춘추천견록』(春秋淺見錄)으로 이루어졌다. 그는 『사서오경구결』(四書五經口訣)도 지었는데, 그 저서는 전해지지 않는다.

의 사유 성향을 증언하는 사실에 다름 아니다. 『예기』의 상세한 주해에 주력했음은 그의 관심이 유학의 도덕을 중요시하되, 국한된 일정한 이론 정립보다 유학의 도덕 전반을 특히 예속의 기초에서부터 정주성리학의 지식으로 확고히 하는 데 쏠렸음을 드러낸다. 이는 그의 『입학도설』에서도 확인되는 점이다.

권근은 『입학도설』 가운데서 본원 유학인 『논어』, 『맹자』에 대한 해설을 한다. 그 자리(해설)에서 그는 이 서적들의 핵심 사상인, '인'仁과 '의'義의 도덕적 특징을 다음과 같이 지적한다.

"나의 생각으로, 『논어』는 (공자가) 인仁을 도타이〔敦〕 하길 마치 봄날〔春天〕처럼 감싸듯 혼연하게 했고, 『맹자』는 의義를 엄격히 하길 마치 가을 기운〔秋氣〕처럼 냉엄(늠연)하게 했다.
원래 공자가 제齊 경공에게 대답하길, '임금은 임금답게 해야 하고, 신하는 신하답게, 아버지는 아버지답게, 아들은 아들답게 해야 한다'고 했지만, (이는) 다만 리의 당연한 것〔理之當然者〕을 말했을 따름이다. 그래서 리를 좇았을 때의 이로움〔利〕과 리를 좇지 않았을 때의 해로움〔害〕은 은연중 언외에서 드러난다.
맹자는 양梁 혜왕에게 말하길, '역시 인의仁義가 있을 따름입니다. 어찌 반드시 이利를 말합니까?'라 했으니, (이는) 그 이를 추구하는 폐해가 상하에서 서로 이익을 취하다가는 나라마저 위태롭게 하는 데까지 이름을 말한 것이어서 이미 충분하다……."[1]

공자, 맹자의 사상이야말로 유학 전체의 윤리사상을 이루는 본원이다. 공자 사상의 핵심 원리는 '인'仁이고, 맹자 사상의 핵심은 '의'義인데, 어느 것이나 이익〔利〕 추구와는 거리가 먼 성향의 원리다. '의'는 말할 나위 없고, '인'만 하더라도 권근에 따르면, "리의 당연"理之當然者을 가리킨다. "리의 당연"으로 설명하는 이 이해 방식이 바로 그 이전의 유학에서는 볼 수 없던 그 자신의 성리학 방식이다.

리의 당연은 곧 "마땅한 이치"로 풀이될 '당연한 이치' 또는 '의리'義理를 가리킨다. 그의 이해로 공자, 맹자 등이 가르친 본원 유학의 내용은 이해利害의 문제를 벗어나 '당연한 이치'로서의 '의리'를 찾는 도덕이 핵심이다. 이 점의 구체적인 해명을 위해 든 그의 실례가 곧 공자의 정명사상正名思想*이라 일컬어지는 것이다. 곧 다음 말귀의 내용이 그것이다.

> "임금은 임금다워야 하고, 신하는 신하다워야 한다. 아비는 아비다워야 하고, 자식은 자식다워야 한다."[2]

임금이라는 이름〔名〕을 띠었으면 실제 행위 내용〔實〕이 이름에 부합(ע)해야 하듯이, '인'이나 '의'라는 것(도덕 행위)은 '당연한 이치'를 구체적으로 실현하는 방법일 따름이다. 풀어 말하면, 직분상으로 담지하는

---

* 정명사상(正名思想)이란 일정한 이름〔名〕이 있으면 그 내실〔實〕도 이름에 걸맞아야 한다는 사상이다. 여기에서 유학의 명분설(名分說)이 나온다.

'의무' 또는 '마땅한 임무'가 곧 '인'이고 '의'이며 '리의 당연'이라는 것이다.

유학의 핵심 원리인 인仁을 이利와 대조되는 '리理의 당연', 곧 '의리'義理라고 이해함은 인에 대한 독특한 해석이다. 원래 인에 대한 공자의 해명은 "사람(남)을 사랑하는 것"愛人이라고 했기 때문이다. 지금 권근은 주관적 정서인 인애仁愛의 정신을 정명사상에 연결해, 직분의 의무인 이치(理)의 당연이라고 한다. 그의 이런 이해는 그 나름으로 일종의 의무론적 도덕설을 펴는 성향을 띤다. 권근이 지닌 '도덕 지향 정신'은 이렇게 '인'에 대한 독특한 해석에서 발견되기 시작한다.

2

천인합일 앞세운 윤리설 구성

권근은 『입학도설』에서 천天, 인人, 심心, 성性을 이해시키는 데 역점을 둔다. 그는 책의 맨 앞에 「천인심성합일지도」天人心性合一之圖와 「천인심성분석지도」天人心性分釋之圖를 그려 놓은 다음, '天' · '人' · '心' · '性'의 (한문) 글자를 써 놓고, 이것들을 하나씩 해설하는 방법을 구사한다. 『입학도설』에 담긴 '도덕과 관련된 성리학의 이론'들이 이 글자들의 해설 부분에서 거의 다 드러난다.

권근은 「천인심성합일지도」의 아랫부분에 다음과 같이 적어 놓는다. (100쪽 〈그림 1〉 참조)

"우측의 도圖는 주렴계周敦頤의 「태극도」와 주회암朱熹의 『중용장구』의 설에 따라 인人, 심心, 성性에 있어서의 리기理氣와 선악善惡의 다름을 밝혀,

배우는 사람들에게 보이는 것이다."[3]

『입학도설』에 제시한 도설들이 자기의 완전한 창작이 아니고 주돈이와 주희가 이미 발표한 자료를 참고했음을 밝힌 것은 학자의 양심과 겸손의 표명이다. 눈길을 끄는 점은 '선악'으로 드러내는 도덕 문제에 대한 지식이 '인간'과 '심성' 및 '리기'의 이해에 달렸음을 암묵리에 시사한 점이다. 이런 시사를 염두에 두면, 그의 다음 '도와 설'이 눈에 들어온다.

그는 「천인심성분석지도」에서 '천'天 자를 자기 나름으로 '일'一과 '대'大의 합성으로 보면서, 천에 대한 독특한 풀이를 한다. 그에 따르면, '一'과 '大'가 품은 뜻은 다음과 같다.(101쪽 〈그림 2〉 참조)

"일一은 대비할 것이 없고〔無對〕, 쉼이 없음〔無息〕이고, 대大는 밖이 없으며〔無外〕, 다하는 끝이 없음〔無窮〕" 을 나타낸다.

그의 이러한 해석은 '천'天을 우주 만물의 변화의 '궁극적 근원'이라고 이해함을 가리킨다. 이는 천을 종교 측면의 인격신인 '상제'上帝로 보지 않고 철학의 시각에서 '우주의 근원'으로 보겠음을 선언하는 언구言句다. 천은 그에게서 "온갖 변화의 근원"萬化之源이고, "온갖 차별적인 현상의 근본"萬殊之本이라는 규정으로 정리된다. 이것은 본원 유학이 지녀 오던 종교적 성향을 과감히 벗고 철학적 이해를 시도한 성리학의 성향에 다름 아니다.

여기서 더 분명히 해야 할 것은 그의 '천'에 대한 구체적인 설명이다. 앞서 밝혔듯이 '천의 의미'는 '허공', '상제'(하느님), '자연 일반', '운명' 등 다양하다. 성리학이 발흥하면서 정이程頤, 주희 같은 학자들은 이 가운데 '상제'가 지닌 '만물 주재主宰의 힘'을 원리적으로 생각하게 되었다. 그들은 절대적이고 궁극적인 것을 상제의 제한된 능력보다도 더한 '절대적이고 궁극적인 원리'로 상정하기에 이르렀다. 이 사유가 바로 "천은 곧 리다"天卽理라는 명제로 되었던 것이다.

이 점을 상기하면, 그가 지금 설명한 천이 어디에 해당하는지 절로 밝혀진다. 권근이 천을 모든 변화와 현상의 근원이라 했음은 그의 '천'이 성리학에서 말하는 '궁극의 원리'인 태극太極, 천명天命 등의 '리'를 가리킨다. 실제로 그는 「천인심성합일지도」에서 천天과 명命을 '리의 근원'理之源으로 해설하고, 그 '리'와 '성'性을 같은 선상에 놓고 있다. 이는 그가 '천을 리와 동일시'天卽理하면서, 나아가 '성즉리'性卽理의 명제까지 계승하는 모습을 드러내는 증거다.*

여기서 하나의 의문이 있을 수 있다. 천을 리라고도 생각하던 나머지 우주 근원의 리인 '태극'太極과 같다고까지 한다면, 처음 그가 인仁과 같은 성에 대해 '리의 당연', 곧 당연한 이치인 '의리'義理와 태극 천명 등은 서로 어떻게 변별되는가 하는 의문이 그것이다.

본디 정주성리학의 리 의미는 '이치', '원리', '원칙' 외에 '마땅함'인

---

* 돌아보면, 그가 인(仁)을 리(理)의 당연자(當然者)라 한 데서도 이미 성(性)을 리(理)라고 생각한 흔적이 발견된다.

"소당연"所當然과 아울러 '그런 까닭'을 가리키는 "소이연"所以然이 다 들어 있다. 그런데 '태극'은 우주의 근원이라 했듯이, 만물이라는 개별자의 리인 동시에, 그 개별적 리의 총화다.* 권근이 처음에 도덕 원리로서 "리의 당연"을 말한 것은 '소이연'을 제외한 리임은 물론, 개별적 사리事理의 리를 가볍게 말한 것이다. 따라서 같은 리라고 하더라도 그 쓰임에 따라 변별되지 않을 수 없다. 이 점은 특히 리를 '도'道로 대용하는 사례로 분명히 이해되는 점임을 알아야 한다. 리가 도로 대용될 때, 인도人道는 당연한 원리를 가리키지만, 천도天道는 당연과 소이연을 다 포함한 우주의 근원적 원리로서 태극과 서로 통한다. 태극 천명은 결국 의리의 당연과 물리의 소이연을 포괄한 천도와 같은 리다.

권근은 『입학도설』「천인심성분석지도」의 설명에서 천과 인간이 하나로 됨, 곧 '천인합일'天人合一이 있게 됨을 지적한다. 심·성의 파악과 그 운용에 의해 궁극에는 천과 인간이 합일할 수 있다는 유학의 사유를 환기한다. '천인합일'은 유학 또는 성리학에서 도덕 행위가 초래할 '최상의 이상'으로 가르치는 명제다.**

---

* 이것이 이른바 본래 "리는 하나지만, 만물에도 각기 다 분수되어 있다"는 "리일분수"(理一分殊)를 바탕으로 한 태극사상이다. 그 태극사상이란 "원래 태극은 만물 리의 총화(萬物理之總和)지만, 물체마다에 다 하나의 태극이 들어 있다(物物各有一太極)"는 명제의 사유가 그것이다.

** 『맹자』와 『중용』 등에서 "마음을 다하고〔盡心〕 성을 다하면〔盡性〕 하늘을 안다〔知天〕거나, 인간이 천지와 더불어 병립한다〔與天地參〕거나 천지의 화육을 돕는다〔贊天地化育〕"고 함이 다 그 예증이다.

그것이 최상의 이상임을 감안하면, 그가 천을 설명하는 자리를 이용해 천인합일을 언급한 의도는 다른 데 있지 않다. 그 의도는 선을 실천하는 '도덕적 행위'가 천인합일의 이상 아래서 추구된다는 것, 따라서 그 도덕 행위의 목적도 이 최상의 이상 실현을 위한 방법에 지나지 않음을 분명히 하려는 것이다. 그에게 있어 도덕 실행의 결과는 궁극의 리인, '천리'와 '천도'에 인간 행위가 일치하는 이른바 '천인합일'의 경지임에 틀림없다.

옛사람들은 행동을 바르게, 곧 법칙대로 해야 한다는 뜻으로 "원형이정元亨利貞대로 해야 한다"는 표현을 흔히 사용했다. 그 원형이정이 곧 『주역』에서 말한 천〔乾〕의 원리적 특성〔四德〕이다. 바로 권근도 그의 「천인심성합일지도」의 천권天圈에 원형이정을 써 놓고 있다. 그의 견해로도 원형이정을 천도天道로 생각해, 그것을 인간이 밟아 행하는 당위인 인도人道가 본받아야 할 준칙으로 여겼던 것이다.

성리학의 '도덕 준칙이 천도'라는 것은 성리학적 도덕관의 대표적 특징에 든다. 천도가 인도의 준칙이고 천인합일이 궁극의 이상으로 설정된 구도는 곧 인도를 실천하는 도덕 또한 천도와의 일치로 번역되는 '천인합일'의 달성 수단이라는 사유에 다름 아니다. 이런 사유는 원래 유학의 천인합일이 다만 천리 천도와의 합치에만 그치지 않고 '천지天地·자연自然과의 합일'까지 포함하기 때문에, 권근에 있어서도 경우에 따라 그러한 점에 유의해야 한다.

3

심·성·정과 사단 칠정에 대한 관심

권근은 '인'人에 대한 설명에서, "인人을 인仁이라"고 해석하는 독특한 견해를 보인다. 이 해석은 인간을 인의 화신처럼 생각하는 견해다. 먼저 성리학 이론의 추이를 알아야 이것이 이해될 수 있다.

인仁이란 공자에게서 "사람을 사랑하는 것"愛人으로 설명된 뒤에, 성리학을 일으킨 정호는 우주의 입장에서 "생의 뜻"生之意이라 했다. 정호는 『주역』에서 "우주의 특성〔德〕을 생生이라"天地之德曰生[4]고 한 것에 기초해, 인간도 우주의 기로 이루어진 만큼 그 인간의 대표적 본성인 인仁 또한 생의 특성을 갖지 않을 수 없다는 판단에서 이렇게 주해했다. 그 뒤 주희에 오면, 인仁은 "물을 생하는 리"生物之理 또는 "물을 생하는 본성"生物之性이라고 해석된다. 그 결과 정주 이후 이것은 '사람에 대한 사랑'은 물론, '만물 생성의 특성'까지 가리키는 것으로 규정되었다.

지금 권근은 이 규정을 따른다. 그는 인의 이러한 의미를 인간을 이해하는 데 적용할 뿐만 아니라, 거기에 자기 나름의 독특한 인간관을 표명하고 있다. "인人이 인仁이라"는 그의 언명은 "인仁을 체득해 (심덕을 온전히 함으로써) 그 사랑〔愛〕과 생의 리〔生理〕를 항상 보존토록 할 수 있는" 것이 곧 인간임을 드러낸다. 공맹 이후 인仁이 '선한 본성'의 으뜸으로 이해되어 왔지만, 정주성리학에 이르러 그러한 의미에 '생성의 리'가 첨가되어, 마침내 권근에게서 이러한 설명이 있게 되었다. 인에 생성의 특성을 부가한 데는 리 측면의 '천인합일'을 기氣 측면의 만물과 일체〔萬物一體〕되는 형식으로 전환된 사유가 작용했다. 그에게서도 자연·천과의 합일인 이른바 '물아일체'物我一體가 고려되고 있다.

심心에 대해서 권근은 정주의 심 설명을 거의 다 인용한다. "하늘에게서 얻은 것, 한 몸을 주재하는 것〔一身之主宰者〕, 리기의 묘합인 것, 허령통철虛靈洞徹한 것, 신명의 머무는 곳〔神明之舍〕, 성정을 통섭〔統性情〕한 것, 온갖 리를 갖추고 만사에 응하는〔具衆理應萬事〕 것" 등이 그에 해당한다.

권근은 또 정주학자답게 심을 두 가지로 생각해서, 성명性命에 근원을 둔 것과 형기形氣에서 생기는 것으로 분류한다. 앞의 심이 도심道心이고 뒤가 인심人心이다.[5] 어느 것을 막론하고 심의 발용發用을 '의'意로 나타내는데, 선악은 바로 그 '의'인 발용의 초인 '기미'幾에서 나뉜다. 따라서 '경'敬과 '성찰'省察의 마음가짐인 수양은 기미에서 특별히 요청되는 것이다.

천天과 인仁을 리로 설명하는 데서 보았듯이, 권근은 "천즉리"天卽理와 함께 "성즉리"性卽理의 명제도 계승했다. 그에게 '성'性은 "하늘이 명命해서 인간이 얻은 그 '생의 리'生之理로서, 나의 마음에 갖춘 것" 으로 규정된다. 그 성을 '생의 리'라고 해서 생生을 말하는 까닭은 우주의 특성을 생이라 파악함과 아울러 '성'性의 한문 글자가 심心과 성生의 합성임을 고려한 데 있다. (102쪽 〈그림 3〉, 〈그림 4〉, 〈그림 5〉 참조)

이상으로 요약되는 네 개념에 대한 설명을 마친 권근은 총괄하는 식의 글을 보탠다. 그는 그 글에서, 도덕 행위와 관련된 주요 견해를 아래와 같이 구체적으로 피력한다.

> "그 (마음의) 허령虛靈이 본체〔體〕 됨을 말하면, 오상五常의 성에 지나지 않지만, 온갖 사물의 리를 통섭〔統〕치 않음이 없다. 그 지각知覺이 실용〔用〕 됨을 말하면 사단四端 칠정七情의 감동에 지나지 않지만, 모든 사물의 변화를 관섭〔管〕치 않음이 없다. 한낱 고요〔靜〕해 허虛해짐만 알고, 오상의 성이 체됨을 모르면, 그 심이란 막연하고 아무것도 없어, 노장의 허무虛無나 불교의 공적空寂에 빠져, 큰 근본이 서질 곳이 없는 것이다. 그 지각 있음만 알고, 사단 칠정의 발함〔四端七情之發〕에 그 기미〔幾〕에서 선善과 악惡의 갈림을 살필 줄〔致察〕 모르면, 심이 외물〔物〕에 이끌려 욕欲의 움직임과 정情의 지나침으로 해서 달도達道가 실현되지 못한다."[6]

그는 이 글을 통해 선악과 관련되는 감정으로서 '사단'과 '칠정'에 주목했음을 드러낸다. 더 풀면, 이 글의 요지는 아래와 같이 정리된다.

심에는 정靜과 동動, 곧 체體와 용用이 있는데, 체의 측면은 고요하다고 해서 아무것도 없는 상태가 아니라 '오상의 성'인 인의예지신仁義禮智信을 내포하고 온갖 리를 통섭하고 있는 상태다. 용의 측면은 지각知覺 활동과 아울러 사단 칠정의 작용이 있는 상태다. 그런데 바로 그 감정이 발동하려는 순간의 '기미'〔幾〕가 곧 선악의 분기점이다. 그러므로 기미를 잘 살피지 않으면, 물욕으로 해서 감정의 발동이 '절도에 맞지'〔中節〕 않아 달도達道를 이루지 못한다는 것이다.

절도節度란 선행을 위한 객관적 요구 조건, 곧 선의 기준을 가리킨다. 이는 저울의 마디 금에 비유한 법규 같은 '지나침과 모자람이 없는 조건'으로, '중용'中庸과 같은 것이다. 그에 '맞춤'〔中節〕이란 행위가 그 법규에 합치함이다. 이는 『중용』에 나오는 사유로 절도에 맞춘 것을 '중절'中節이라 하고, 그 중절한 것을 '화'和라 하며, 그 화의 상태를 '달도'達道라 했다. 따라서 선행을 하려면 감정의 움직임을 기미에서부터 잘 살펴 '절도에 맞추는 일'中節이 중요하다.

이 정도의 지식으로 위 글을 거의 이해할 수 있겠지만, '사단 칠정'의 용어가 아직 이해에 걸림돌이 될지 모르겠다. '사단'四端은 맹자가 처음 인간의 '선善한 네 가지 마음'이라 하면서 꼽은 네 가지 심정〔情〕이다. 곧 "측은惻隱, 수오羞惡 사양辭讓, 시비是非의 마음〔情〕"이 그것이다. 칠정七情은 『예기』禮記 「예운편」禮運篇에서 처음 말한 일곱 정으로 '희喜, 노怒, 애愛, 구懼, 애哀, 오惡, 욕欲'이다. 칠정은 인간의 '정 전체'를 나타낸 것이어서, 선할 것도 악할 것도 없는 '자연한 정'이다. 일곱을 다 꼽지 않을 때는 『중용』에 따라 '희, 노, 애, 락' 네 정으로 이를 대용한다.

권근은 「천인심성합일지도」에서 사단을 정의 영역〔情圈〕에 써 넣고, 칠정을 심의 영역〔心圈〕에 써 넣었다. 그는 이렇게 '두 정을 구분'해 놓고 있다. 왜 구분하는가? 그는 그 이유를 스스로 묻고 대답하는 식으로 적어 내려간다. 이 대목에서 사단 칠정에 대한 그의 독특한 견해가 나온다.

> "묻기를; 예전 당나라 한자韓子(곧 韓愈)는 「원성」原性을 지으면서 『예기』에 근거해 희노애락애오욕 일곱을 '성이 발한 정'性發之情으로 삼았고, 정자程子도 그것을 취해서 말했는데, 그대가 사단을 '성발'性發에 속하게 하고 칠정은 (따로) 심心의 아래에 늘어놓았으니 이는 무슨 까닭인가?
> 답하길; 칠정의 발용이 인간에 있을 때, 만약 그것이 발해서 본래 있는 당연의 법칙에 중절中節한다면, 『중용』의 이른바 달도達道의 화和니 어찌 성의 발이 아니겠는가? 그러나 그것의 발함에는 때로 중절하지 않음〔不中節〕이 있으니, 곧바로 성발性發이라 하면서 사단과 함께 정의 영역 가운데 나란히 둘 수 없다. 그래서 (칠정을) 심의 아래에 늘어놓아 그 발함에 중절과 부중절이 있음을 보여 배우는 사람들에게 잘 살피도록 한 것이다."[7]

사단 칠정에 대한 권근의 분별을 논하기 전에 미리 알아 두어야 할 점이 있다. 그를 포함한 성리학자들은 본디 성과 정에 대해, 그것들을 각기 심의 고요할 때의 본체〔體〕와 움직일 때의 작용〔用〕에 속한다고 했으며, 이런 점에서 "성이 발해 정으로 된다"性發爲情 또는 "정은 성이 발한 것"情性所發이라고 했다. 바로 이 점을 고려하면, 사단이나 칠정은 다 원천적으로 '성의 발'이라는 해석이 적용된다.

그러나 권근은 지금 그것들을 하나(사단)는 '정의 영역'情圈에 넣고, 하나(칠정)는 '심의 영역'心圈에 속하게 해서 분별했다. 그리고 사단에만 '성의 발'을 적용하고, 칠정은 그 성발의 해석이 적용되지 않는 정으로 이해했다. 이 인용문의 내용은 그런 이해의 근거(이유)까지 설명한 것이다. 곧 그에 따르면, 사단은 원래 선한 정만을 지칭하니까 의미상 '항상 중절한 정'에 해당하지만, 칠정은 항상 중절만 하는 것이 아니고 '부중절하는 때가 있는 정'이라는 데 저런 분별과 이해가 있다는 것이다.

사단은 칠정과 달리 항상 중절만 한다고 생각한 이유는 『맹자』에 있다. 맹자는 사단이 이미 '선한 정'善情만 가려내어 말한 것, 곧 "측은, 수오, 사양, 시비의 네 정〔四情〕이 인의예지라는 선성善性을 구현하는 단서端緖"라는 의미로 말했다. 권근은 지금 맹자가 말한 의미에 따라 사단은 항상 중절된 정으로서 '고정된 개념'을 가리키고, 칠정은 중절과 부중절이 다 가능한 '비고정적인 정'을 가리킨다.

이런 점을 고려하면, 그가 사단을 칠정과 별도로 구별하는 의도는 바로 인간이 '선한 도덕'을 행할 본성의 능력을 태생적 또는 선험적으로 타고난다는 점을 부각시키려는 데 있다. 그것은 곧 '도덕 시행의 가능성'이 인간에게 본구本具되었음을 확실히 알리려는 의도에 다름 아니다.

4

선의 근원, 본성 파악을 위한 천명 연구

심의 정과 동을 체와 용이라 하고 그 둘을 성性과 정情으로 논한 이론을 다시 정리하련다. 성은 정으로 드러날 일종의 가능성 또는 원인에 해당하고, 정은 그 가능성의 구현 또는 결과에 해당한다. 이 두 관계를 『중용』에서 '미발'未發, '이발'已發로 나타냈음은 잘 알려진 것이다. 성리학자들은 그 예에 따라 성과 정의 관계를 '발'發로 표현해, 앞서 본 대로 '성발위정'性發爲情 또는 '정성소발'情性所發이라고 했다. 따라서 권근이 사단에 대해서만 '성이 발한 것', 곧 '성발'性發이라 하고 칠정에는 성발을 적용치 않음은 여전히 문제다. 특히 칠정에 그것을 적용하지 않음은 그 이유가 비록 칠정의 경우 부중절할 때가 있어서라 하더라도, '성발위정'의 규정 자체를 부정하는 태도로 되기 때문이다. 따라서 그 이유의 해명이 있어야 한다.

일찍이 맹자는 인간에게 육체肉體로 말미암아 '먹고 번식하려는〔食色〕 성'이 있지만, 이런 성은 인간을 새나 짐승 같은 "다른 동물과 구별시키는 성이 아니라"는 점에서, 인간의 성이라 할 수 없다고 했다. 인간의 성은 오직 인간을 인간이게 하는 "인간 고유의 마음에 근본한 성"根於心, 곧 '인의예지'仁義禮智에만 한정된다고[8] 했다. 그러나 성리학에 이르러 먹고 번식하는 '식색의 성'도 인간이 지닌 성임에 틀림없으므로, 이를 기질로 말미암은 성이라는 의미의 '기질지성'氣質之性이라 했다. 사단과 관련된 인의예지의 성은 '본연지성'本然之性이라고 했다.

다른 한편, 유학에 도덕적 가치인 '선'善을 이해하는 방식이 '본성'(본연의 성)과 '중절'이라는 두 가지가 있어 왔음을 상기해야 한다. 공자, 맹자의 사상을 계승하면서 창의적으로 그것을 정리한 『중용』에는 (특히 맹자의 사상과 일치하게) '선한 본성'이 태생적으로 본구되었음을 다음과 같이 나타냈다.

"하늘이 명한 것을 성이라 일컫는다"天命之謂性.[9]

하늘이 명의 형식으로 준 '성'性이 심의 미발일 때〔靜〕의 '선한 성', 곧 '본연지성'이고, 또한 사단의 '사덕'四德 또는 '오상'五常이라고 꼽히는 인의예지신仁義禮智信의 '선 자체'다.

아울러 『중용』의 저자는 칠정에 해당하는 희로애락 등의 정이 선을 이루는 과정에 대해 아래와 같이 말했다.

"희로애락喜怒哀樂의 미발을 중中이라 일컫는다. 발해서 다 절도節度에 맞은 것〔中節〕을 화和라 한다. 중은 천하의 큰 근본〔大本〕이고 화는 천하의 달도達道다."[10]

여기 '절도에 맞은 것'中節으로서 '화和 또는 달도達道'라고 불리는 것이 또한 선에 해당된다. 그런데 이런 선은 물론 본구된 성의 발로(단서의 정)가 아니고, 정의 작동이 절도라는 객관적 규범의 조건에 들어맞음으로써 이룬 선이다. 이처럼 '선에 대한 두 가지 이해 방식'이 본원유학에 있었기 때문에, 권근의 위와 같은 설명도 있게 되었던 것이다. 성리학자인 그로서는 맹자와 『중용』의 본지에 따라, 사단은 본연지성인 만큼 거기에 '성발'을 적용하고, 칠정은 기질지성에 해당하므로 성발을 적용하지 않는 태도를 취한 것이다.

16세기에 이르자 조선의 성리학자들은 권근의 태도를 따르는 학자들이 주류를 이룬다. 그리고 그의 후학들은 이제 선의 두 가지 실현 방식과 이에 관련되는 일체를 종합해 '총괄적으로 정리'하고 이론화하는 단계로 넘어간다. 따라서 정도전과 권근의 시기보다 성리학이 더 복잡해짐을 보게 된다. 16세기의 성리학자들은 먼저 사단과 칠정, 본연의 성과 기질의 성, 성과 리, 천명 태극, 기 곧 음양오행, 천天·지地·인人 등의 총체적 상호 관련을 파악하는 모습을 보인다.

16세기의 정주성리학계를 대표하는 학자는 대체로 추만秋巒 정지운鄭之雲(1509~1561), 하서河西 김인후金麟厚(1510~1560), 퇴계退溪 이황李滉(1501~1570), 고봉高峯 기대승奇大升(1527~1572) 등이다. 이들은 다 '천명'天命에 대한 연구에 열중했던 공통점을 갖고 있다. 이들은 다 「천명도」天命圖를 그렸는데, 정지운은 그것에 대한 해설서인 『천명도해』天命圖解를 지었고, 이황도 같은 종류의 『천명도설』天命圖說을 지었다. 바로 이러한 연구로 말미암아 조선 시대의 성리학은 도덕철학의 또 다른 단계의 '독특한 새로운 발전'을 가져온다.

천명天命에 대한 성리학적 연구, 특히 '천명에 대한 도해식 연구'에 그 시대의 대표적 학자들이 관심을 집중한 현상 자체가 다른 나라의 성리학계에서 볼 수 없는 특수 현상이다. 그 특수 연구에서 독특한 이론들이 창발적으로 산출되었음은 필연적 결과다. 조선 성리학의 특징 또 하나가 여기에도 있음이 주목할 만한 것이다.

「천명도」와 그 해설서 제작(『천명도해』)은 정지운이 가장 먼저 시작했다. 그의 「천명도」를 표본으로 주요한 특징만을 소개하겠다.(103쪽 〈그림 6〉 참조) * 정지운은 "하늘은 둥글고天圓, 땅은 모나다地方"는 (그 시대 성리학자들의 공통된) 믿음에 따라, 천의 모양으로 동그라미를 그리고, 그 안에 땅의 모양인 검은 네모를 그렸다. 그 땅 안에, 윗부분은 둥글고 아래는 절반의 모난 모양의 사람을 그렸다.

사람의 이 모양은 위 절반이 하늘 모양이고 아래 절반이 땅 모양에 해당한다. 사람 모양의 양측에 "곧고 바르게 서다"平正直立, "머리가 둥글고 발바닥이 모나다"頭圓足方라는 글을 썼다. 사람의 그림과 글은 곧

---

* 이는 고려대학교 도서관 소장본, 정지운(鄭之雲)의 『천명도해』(天命圖解)와 함께 있는 것을 대본으로 함을 밝힌다.

사람이 『주역』 이래 하늘〔乾〕과 땅〔坤〕의 소생이라는 관념과, 동식물의 '가로 삶'橫生과 '뿌리내려 삶'逆生의 모양에 비유한 설명이다. 곧바로 선 형상이나, 사람을 '하늘과 땅의 합성'으로 모양 지은 것은 하늘과 땅의 자녀인 '인간'을 만물 가운데 가장 뛰어난 '영장'靈長으로 믿은 신념의 표출이다.

하늘의 동그라미 안에 음양陰陽의 기氣가 붙여 그려지고, 바로 그 기 안으로 (붙여서) 리가 그려지고, 그 안에 다시 음양이 그려지고 있다. 이는 하늘 아래 기가 들어차고, 그 기 안에 리가 있음을 나타낸 것이다. 하늘의 영역〔天圈〕 밖에는 12간지干支를 적었다. 리와 기〔陰陽〕의 자리에 원형이정元亨利貞의 천도天道(四德)가 수화목금水火木金과 더불어 (천도인) 성誠의 갈라진 글자〔破字〕 안에 함께 있다. 어디에나 다 배속되는 토土는 그 네 기의 중간 자리에 두었다. 특히 '천도'를 하늘 영역에 적은 것은 천인합일天人合一을 고려했기 때문이다.

사람의 영역(그림) 한가운데에 음과 양(기)으로 동그라미를 해서 마음〔心〕을 나타냈다. 마음의 둘레인 음양의 동그라미 사방에 갈라진 '욕'欲 자들과 그 안에 '희', '노', '애', '락'을 함께 써 넣었다. 마음 한가운데에 갈라진 '경'敬 자와 '존양'存養을 쓰고, 사방으로 네 개의 갈라진 '신'信 자 안에 각각 '인', '의', '예', '지'를 썼다. 마음속〔中〕에는 오성(오상)이 있고, 칠정의 욕 또한 마음에 있다. 이는 그의 앞 설명으로 밝혀진 모양의 그림이다.

본성의 측면으로, 정지운은 인간의 경우 "오성을 다 갖춤"五性旁通이라는 풀이를 (마음 그림 밖에) 적고, 새와 짐승에는 '성'을 "조금 통함"

或通이라 했으며, 식물에는 성의 "전혀 막힘"全塞不通이라 했다. 이러한 그의 기록은 인의예지·오성의 선험적 구비로써 그가 인간의 '영장됨'에 대한 증거로 삼았음을 시사한다. 그에게 있어 오성의 구비는 이토록 중요성을 지닌 것이다. 모든 것을 도덕의 시각에서 평가하려 할 때 특히 그러하다.

주제인 '천명'은 바로 이 '성'과 관련된다. 천명을 의미하는 '명'命 자는 그의 「천명도」에서 간지로 자子, 오행으로 수, 천도로 정貞의 방향(천의 맨 아래)에서 비롯된다. 그것은 길게 식물과 금수, 그리고 인간에 다 통하는 길이로 그려졌다. 인간의 경우 그 '명'은 '오성'이 쓰인 마음 속으로 연결된 통로에 있다. 이 형식은 '천명'이 오성과 직통함으로써 인간에서 그것(천명)이 '오성의 본구를 보증'함을 나타낸다. 이로써 「천명도」를 제작하는 목적이 오성의 선천적 본구를 깨달아 그에 의한 도덕 행위를 함으로써 영장靈長의 값을 인간들에게 하도록 하려는 데 있음을 확인할 수 있다.

'선악'善惡은 그것들이 마음의 움직임에서 생기므로, 마음 그림 밖 '의'意 자 밑에 그 두 글자를 써 놓았다. 그는 '선' 자와 '악' 자 둘에 다 '칠정'을 연결시키고서, 그 두 갈래의 가운데에 '갈라진 경敬' 자를 또 놓고 거기에 '성찰'省察을 써 넣었다. 이는 선행을 하는 데 경의 마음가짐 또는 수양이 얼마나 중요한지를 알아차리도록 한 부분이다.

이 대목에서 하나의 의문이 인다. 권근이 칠정과 구별해 다른 곳에 써 놓았던 '사단'의 정들이 정지운 「천명도」에서는 오성만 보일 뿐 명시되지 않은 점이 그것이다. 이 의문에 대해 필자는 다음과 같은 사실을 떠올린다. 정지운에게 「천명도」가 이것 하나만 아니고 더 있었던 것이다.[11] 실제로 이 외에 이황이 전하는 정지운의 「천명구도」天命舊圖가 있고, 정지운이 이황과 함께 개정한 「천명신도」天命新圖가 있다. 그의 「천명구도」에는 '사단을 칠정과 함께 언급한 글'이 보인다. 이로 미루어, 이 사단이 보이지 않는 「천명도」는 아마도 그의 최초의 미정도未定圖인 것 같다.*

사단을 명시하지 않은 것으로는 정지운의 이것 외에 '김인후의 「천명도」'도 있다.(104쪽 〈그림 7〉 참조) 김인후의 「천명도」는 매우 독특해서, 마음 한가운데에 '중'中 자를 크게 써 놓고 그 글자 좌우에 "인의예지의 리를 먼저대로 갖추었지만 이것들이 혼연해서 나누기 어렵다"具仁義禮智之理而渾然難分라고 적었을 따름이다. 마음의 둘레는 음양으로 나타내고 갈라진 '욕'欲 자 안에 '희로애락'을 각각 써 넣었다.

김인후는 사단 칠정을 정지운이나 이황과 달리 따로 문자로 표시하지 않았다. 그는 선악 자체를 독특하게 나타냈다. 곧 마음 영역 밖에 기미의 '기'幾 자를 갈라서 마음 금에 붙여 놓고, 똑바로 나간 줄에 '선'善 자를 '화'和 자와 한자리에 썼다. 그 옆 좌우로 빗나간 줄에 '악'惡 자를 갈라지게 하고, 각 끝에 '지나침'過과 '모자람'不及으로 나타냈다. 김인후의 이 선악 그림은 완전히 '정'情의 움직임의 '중절'中節 여부

* 고려대학교 도서관 소장본, 정지운(鄭之雲)의 『천명도해』(天命圖解)에 게재된 「천명도」(天命圖). 실제로 사단 칠정에 대한 언급의 유무와 천명이 나오는 '천'의 영역이 맨 아래 자리하느냐 맨 위냐의 특징은 「천명도」의 신구를 구별하는 점이기도 하다.

를 기준으로 한 것이다. 선악을 정의 중절 여부로 변별하는 그로서는 사단 칠정의 특별한 표시가 필요치 않았던 것이다.

김인후는 그 자신의 「천명도」에서 사단을 명시하지 않았을 뿐 아니라 오성까지도 하나씩 적어 놓지 않은 채, 심의 작용인 정의 '실제적 중절 여부'에 관심을 집중시켰을 따름이다. 이는 사단을 따로 중요시하지 않은 그의 도덕설의 독특한 성향을 나타내는 점이다. 오성의 본구에 선행을 각별히 기대하는 이론이 '선험적 도덕설'이라면, 칠정의 사실적인 작용에서 중절이라는 선행을 기대한 그의 이론은 일종의 '경험적 도덕설'에 기운 경향일 것이다.

정의 중절 여부라는 마음의 실제적 운용에 치중한 성향으로 해서, 김인후는 사단 칠정을 대비해 리와 기로 각각 해석할 필요를 느끼지 않았던 것이다. 그의 「천명도」에는 사단 칠정에 대한 리기 해석 (발의 해석)이 들어 있지 않다. 그가 정지운, 이황과 더불어 그 시대의 관심사인 「천명도」 제작에 참여했음에도, 사단 칠정에 대한 리기 해석의 맥락에서 그의 설이 이후 학계에서 논의되지 않는 까닭이 바로 여기에 있다.

아마도 김인후의 「천명도」에 비친 사유 경향이 학계에서 크게 주목받았더라면, 이후 조선 성리학자들의 도덕설은 이황의 사단 칠정 해석론보다 훨씬 더 마음의 실제적 운용을 강조하는 경험론의 색채로 발전했을 것이다. 그러나 그런 경향은 '후기 탈성리학적 실학實學의 발흥'을 기다려서야 크게 힘을 얻는다.

김인후의 사유 경향이 권근으로부터 이어 온 전통과 다른 것임은 더할 나위 없다. 그런 이유 때문이었을까? 그 시대 학계의 흐름은 권근으로부터 출발해서 이때 정지운과 이황이 「천명도」의 해석에 보인 사단 칠정에 대한 리와 기의 해석이 형성하는 흐름이었다. 16세기 이후 성리학계는 사단을 칠정과 구분해서, 각각 리기로 해석하는 정에 대한 도식적 이해 및 오성의 본구를 앞세운 '선험적 도덕설'이 주류를 이루었다.

5

사단 칠정의 해석에 대한 논변

이황에 따르면, 정지운은 이황에게 「천명도」 하나를 주면서 감수를 부탁했다. 이황이 본 정지운의 「천명도」에는 특히 '사단 칠정에 대한 리기 해석'의 글귀가 있었다. 그것은 다음과 같았다.

"사단은 리에서 발하고, 칠정은 기에서 발한다" 四端發於理, 七情發於氣.

이황으로는 이 해석이 좀 수정되어야 한다고 여겨져 마침내 이를 수정했다. 이황의 수정 해석은 다음과 같다. (105쪽 〈그림 8〉 참조)

"사단은 리의 발이고, 칠정은 기의 발이다" 四端理之發, 七情氣之發.

정지운은 이를 이의 없이 받아들여 이황과 새로 만든 「천명신도」에 이 이황의 수정 해석을 넣었다. 이황 측에서도 이 해석을 그의 사단 칠정에 대한 첫 공식 해석(그의 제1해석)으로 삼았다.[12]

「천명신도」의 유포로 이황의 해석이 학계에 알려지자, 기대승 같은 학자가 이에 많은 의문〔異意〕을 갖게 되어 이황에게 해명을 요청했다. 이황은 기대승에게 아래와 같은 답신을 보냈다.

"사단의 발發은 순리이므로 선하지 않음이 없고, 칠정의 발은 리기를 겸했기 때문에 선악이 있다" 四端之發純理, 故無不善, 七情之發兼理氣, 故有善惡.[13]

기대승은 답신을 받고도 여전히 이황의 해석에 대한 의문들을 버릴 수 없어, 드디어 이황의 (첫 공식) 해석에 대한 비판을 감행한다. 그는 이황의 첫 해석 자체가 정주성리학의 몇 규정에 어긋난 점들을 들어 수긍키 어려움을 토로한다. 이 비판으로 해서, 사단 칠정의 해석을 둘러싼 두 학자의 8년에 걸친 유명한 '논변'〔四七理氣論辨〕이 일어나게 되었다.

아래에 그 핵심적 개요를 간추려 소개하련다. 먼저 기대승 비판의 요지를 추리면 다음 몇 가지로 집약된다.

첫째, 사단과 칠정은 근본적으로 별개의 정이 아니다. 그 이유는 (부분적인 정인) '사단은 칠정에 포함'되기 때문이다. 사단은 칠정 가운데서 '선한 정만을 가려 뽑은 것'에 지나지 않는 만큼, 별개의 정이 아닌 것들을 대비함〔對擧互言〕은 타당치 않다. 둘째, 사단을 선한 정이라고 하는 이유는 그 '기의 작용이 절도에 맞았기 때문'이다. 칠정도 절도에 맞게 발동하면 선이다. 셋째, 성이 심의 체이고 정은 심의 용이므로, 정은 어느 정이나 성인 리가 발한 것이다. 그 체용 관계에서는 사단 칠정이 서로 다르지 않다. 넷째, 정은 심과 마찬가지로 '리와 기의 합'理氣之合으로 이루어졌는데, 이황의 해석은 사단에는 리만 있고 기가 없으며, 칠정에는 기만 있고 리가 없는 듯이 보인다. 다섯째, 리와 기는 실제 사물에서는 서로 분리되지 않는데, 이 해석은 '리와 기가 따로 분리되는 듯'이 여기게 한다. 여섯째, 실제로 작용하는 것은 기일 뿐 리가 아닌데, '리의 발'理之發이라 하면 리도 기처럼 작용하는 듯이 보여, 리기의 분별에 혼란이 생긴다.[14]

기대승의 이 비판에 대한 이황의 답변은 이렇다.

첫째, 사단이 칠정에 포함되더라도 사단과 칠정은 서로 다른 '의미'〔所指〕를 지녀 분별된다. 특히 사단은 선한 정이고, 칠정은 선악이 정해지지 않은 정〔善惡未定〕 또는 본래는 선이지만 악으로 쉽게 흐르는 정〔本善而易流於惡〕이다. 서로 다른 의미를 가졌으므로 둘을 (달리) 대비함은 부당하지 않다. 더욱이 리는 선하고 기는 선하지도 악하지도 않으므로, 리를 사단에 대응시키고 기를 칠정에 대응시켜 잘못될 것이 없다. 같은 것끼리 연결 지어 사단과 칠정을 분별함은 이상한 일이 아니다.

둘째, 사단과 칠정은 의미만 다르지 않고 그 발동하는 '유래'〔所從來〕도 서로 다르다. 사단은 마음속의 본성인 리가 곧바로 발〔直發〕한 것인데, 칠정은 형기形氣에 대한 바깥 사물의 감촉感觸으로 말미암아 발한 것이다. 따라서 이것들은 서로 리와 기로 분별할 수 있다.

셋째, 리와 기는 실제로 분리되지 않지만, 이론 또는 개념상으로 혼잡되지 않는 것〔就理上不可不雜〕이다. 분별되는 것들을 가지고 나누어 놓음은 잘못이 아니다.

넷째, 리는 그 본체로는 작용의 성질이 없지만, 그 용의 측면으로는 "그것(리)도 기와 더불어 서로 발용〔互有發用〕" 한다. 다시 말해, 리에 작용성이 없다 함은 그 체의 측면을 말함이고, 그 용으로는 (리에도) 기처럼 작용성이 있다. 기뿐 아니라 리도 발한다는 주장이 이황의 이른바 '호발설'互發說이다.

이황은 이때 앞의 해석을 수정해서 '재해석', 그의 이른바 '수정설'을 낸다. "사단은 리가 발함에 기가 따르고, 칠정은 기가 발함에 리가 타는 것" 四則理發而氣隨之, 七則氣發而理乘之이라 한 것이 그것이다. 이는 사단 칠정에 다 리기가 있음을 나타낸 형식의 해석이다. 이황에 따르면, 수정 해석은 사단 칠정의 의미〔所指〕와 발출 유래〔所從來〕에서 리와 기 가운데 어느 것이 주主가 되느냐의 다름, 곧 '주리主理, 주기主氣'로 표현한 것이라 한다.[15]

기대승은 '기 작용'의 중절 여부로 선악이 구분됨을 계속 주장하면서, 그런 점에서 사단 칠정은 '동실이명'同實異名일 따름이라 한다. 사단도 그 실제적 발출은 외물에 '감촉되어야 함'을 지적하면서, 사단과 칠정의 발출 유래〔所從來〕가 다르다는 이황의 주장을 부정한다. 그는 리기의 호발설을 바탕으로 낸 이황의 수정설에 대해서도, "마치 정마다 그 안에서 두 사람이 서로 앞서거니 뒤따르거니 하는 모양이라" 고 비판한다.

이황은 사단 칠정에 대한 기대승의 '동실이명'이라는 주장을 강력히 배척한다. 그는 사단도 외물의 감촉이 있어야 함은 인정하면서도, 리기 호발설을 기초로 사단 칠정의 발출 유래 또한 (그 선악적 의미와 더불어) 다르다는 견해를 굽히지 않는다.

기대승은 마지막에 정리하는 글인 사단 칠정의 「총설」總說과 「후설」後說을 내면서, 이황의 첫 해석인 "사단은 리의 발이고, 칠정은 기의 발이다" 만을 발출 유래 측면이 아닌 '의미'〔所指〕 측면으로 인정한다. 이에 이황은 기대승이 자신의 수정설을 자신의 뜻대로 어느 모로나 긍정한 것으로 보고, 크게 기뻐하면서 기대승의 재주를 칭찬한다. 뒷날 이황은 수정설을 그의 편저인 『성학십도』聖學十圖에 넣어, 그의 최종설로 확정했음을 확인케 한다.[16]

6

사단칠정설에 담긴 도덕적 함의

이황과 기대승이 나눈 사단 칠정 해석에 대한 논변은 서로 완전한 합의를 보고 끝내지 못했다. 특히 리의 실제적인 발동이나 발출 부분에 대해서는 기대승이 긍정치 않았다. 그 결과 이 부분을 중심으로 논변이 후속 세대에서 다시 이어졌다. 율곡栗谷 이이李珥(1536~1584)와 우계牛溪 성혼成渾(1535~1598)이 나눈 논변이 그 대표적인 것이다.

이이는 기대승과도 달리 '기의 발'만을 인정하고 '리의 발'을 부정했다. 그는 사단이나 칠정이나 모두 "기가 발함에 리가 탈 따름임"氣發理乘一途을 주장했다. 반면 성혼은 이황의 견해를 긍정해, 리의 실제적 발까지 합리화하려 했다.[17]

이들의 논변 뒤로 기의 발만 인정하는 학자들과 리의 발까지 인정하는 학자들이 나뉘어, 학계에서는 마침내 이 해석을 둘러싸고 '주기

파'主氣派와 '주리파'主理派 또는 '율곡학파'栗谷學派와 '퇴계학파'退溪學派라는 학파가 성리학 도입 이후 처음으로 생겼다. 17세기를 거쳐 18세기에 학파의 형태가 완연해졌고, 그 흐름이 학계와 사회에 끼친 영향은 19세기까지 이어졌다.

학파를 이룰 정도로 많은 학자들에 의해 사단 칠정 및 그것과 연관된 심성 연구가 높은 열의로 탐구됨에 따라, '심성설'心性說 분야는 물론이고 심성설과 직접 관련된 '우주론'宇宙論까지도 그 연구 수준이 한층 높아지지 않을 수 없었다. 사단 칠정 문제를 중핵으로 한 심성설의 연구 수준만은 조선의 성리학이 중국의 수준을 능가하기에 이르렀다.

중국에서는 사단 칠정의 리기 해석, 이황의 첫 해석 같은 것(四端是理之發, 七情是氣之發)이 주희에게서 한 차례 나왔을 뿐, 그 이상 심각하게 검토되지 않았다.* 그런 점에서 이에 대한 연구는 '조선 성리학의 하나의 특징'을 이루는 것이다. 사단에 대한 권근의 '성발'性發 해석에 연원을 둔 이 조선조의 전통적 해석이 '천명'의 연구를 계기로 이황에게서 '리발'로 계승되었다. 사단 칠정의 리기 해석이야말로 조선 중기를 장식한 성리학계의 최대 담론거리였다.

이 해석이 끼친 영향은 여러모로 찾아질 수 있다. 필자로서는 지금까지도 한국 학자들의 '성리학'性理學이라는 '용어 애용'에 얽힌 관습을 가장 먼저 떠올리게 된다. 이 용어는 '리학'理學, '도학'道學, '의리지

---

* 이 글은 『주자어류』(朱子語類) 가운데 나온다. 이황은 그의 해석을 낸 뒤, 기대승의 반론에 접하고서야 이 글을 찾아낸다. 그러고서 자신의 해석에 대해 힘을 얻는다.

학'義理之學, '신유학'新儒學과 동의어다. 어느 것을 사용하든 무방하다. 중국 학자들은 '리학'을 즐겨 사용하는 데 비해, 한국 학자들은 조선 시대부터 '성리학'을 즐겨 사용한다.

'성리학'이라는 용어 자체가 '성명의리지학'性命義理之學의 준말이다. 이 점을 상기하면, 이 용어는 천명과 연결시킨 심성의 주체적 연구 경향이 두드러진 성향에 걸맞는다. 대체로 객관적 원리를 탐구하는 인상을 풍기는 '리학'보다 심성의 주체적 성찰의 특성을 더 풍기는 '성리학'을 한국 학자들이 더 애용하는 까닭은 천명 연구에 이은 사단 칠정의 해석 같은 연구 영향이 배었기 때문이라고 여겨진다.

돌이켜 보면, 사단 칠정의 리기 해석이 학파를 이루면서 조선 말까지 계속된 현상에 대한 이해의 자취에는 아픈 상흔마저 있음을 알아야 한다. 과거 일인 어용학자 타카하시 도오루高橋亨는 이를 두고 주장하길, "주자의 이론에만 의탁했을 뿐 여기에는 조선인 특유의 이론이 없다"고 하면서, 이것이야말로 "조선 민족의 사상적 무독창성無獨創性을 드러내는 증거"이며, 그런 점에서 이는 "조선 민족의 사상적 사대성事大性을 입증하는 증거"라고 했다.[18]

그의 이런 주장이 과연 맞는 것일까? 사단 칠정에 대한 리기 해석은 심·성·정 및 리기의 정주학에 기본한 '개념들', 그리고 이것들로 이루어진 '명제들'로 행해지는 만큼, 그 타당성 검토에는 정주설을 다시 상기함이 필수적이다.

이황, 이이 등이 주희설을 원용한 것 자체가 정주설의 상기에서 나온 현상이다. 그런데 이황, 이이 등이 이 해석을 하면서 주희설을 이용만 하는 데서 머물렀다면, 일인 어용학자의 주장은 맞을 것이다. 그러나 그들은 주희설을 이용만 하는 정도에서 머물지 않았다. 이황의 '수정 해석'은 어느 나라에서도 발견할 수 없는 독창적인 이론이고, 사단칠정에 대한 '이이의 해석'도 마찬가지로 그 앞의 누구도 그런 해석을 내지 않은 것이다.

더욱이 이황이 낸 리기의 '호발설'互有發用說은 그 창발성이 더 깊은 차원에서 낸 이론이다. 이이 또한 이황의 해석을 비판하는 글에서, 주희에 구애되지 않는 모습을 분명히 보이며, 이와 관련된 '리통기국설'理通氣局說을 제시한다. 리통기국설을 제시하는 자리에서 그는 더욱 주견을 가지고 독자로 연구하는 모습을 뚜렷이 각인시킨다. 아래의 인용문이 그러한 것이다.

> "만일 주자가 참으로 리기理氣가 서로 발용發用의 측면을 가져, 상대적으로 각각 나온다고 생각했다면, 주자 역시 틀렸다. (과연 그렇다면) 어떻게 주자朱子로 되었겠나!"[19]

> "리통기국의 네 글자는 내가 발견한 것이라고 스스로 믿는다. 그러나 내〔珥〕가 독서를 많이 못해서 전에도 이런 말이 있었는지 모르겠지만 아직은 보지 못했다. …… 이 리통기국(설)은 100세世 뒤 성인聖人이 나오더라도 고치지 못한다."[20]

이이는 윗글에서 리기호발설이 만일 주희로부터 나온 설이라고 한다면 그 주희도 틀렸다고 함으로써, 자신은 주희설을 무조건 맹종치 않음을 명백히 밝혔다. 그는 리통기국설에 대해서는 자신의 독창적 이론임을 겸손하게 밝히는 듯이 했지만, 오히려 주희보다 더 권위 있는 '성인'聖人을 끌어들이는 방법으로 그 이론의 독창성을 확신하고 확언하는 태도를 과시했다. 저 일인의 주장이 근거 없는 곡해요 왜곡임은 이로써 확실하게 드러난다. 그 일인이 조선인의 민족성까지 들고 나온 데는 다른 저의, 곧 식민지 사관과 맥을 같이하는 악의가 도사리고 있었던 것이다. 악의적 곡해는 깨끗이 불식되어야 마땅하다.

눈길을 돌려, 조선 초부터 사단 칠정이 논구되던 사상적 여건을 둘러보아야 한다. 성리학은 조선의 성립과 때를 같이해 국가 사회를 이끄는 데 불교를 대신해야 하던 처지였다. 불교는 정도전이 '심'心으로 상징했듯이, 계율과 참선 등의 '심성 수양'에 철저함으로써 선행을 지향한다. 따라서 그것을 대신하는 그 시대의 성리학이 심성 연구와 심성 수양에 치중한 현상은 '불교 대역'의 여건에 어느 정도 말미암았다고 할 수 있다.

더욱이 16세기에는 '심학'心學이라고 부르는 반정주학인 양명학陽明學도 전래된 시대로, 이황은 그 양명학을 배척하는 데 앞장을 서기까지 했다.* 불교에 더해 양명학마저 배척해야 했던 그 시대 성리학자들로서는 그 대항의식에서라도 심성 연구에 필연적으로 몰두하지 않

---

* 이황은 왕양명(王陽明)의 심학(心學)을 배척하느라, 양명의 『전습록』(傳習錄)을 비판하는 그 「논변」(論辨)을 저술했다.

을 수 없었다. 사단 칠정을 중심으로 한 심성 연구의 치중은 이런 여건의 영향이 얼마만큼 작용했다고 여겨진다.*

그 시대 타 사상들과 연관된 이해는 심성 연구에 몰두하게 된 간접적인 원인에 지나지 않는다. 보다 더 중요한 것은 사단 칠정 해석이 '그 시대 도덕'과 '어떤 관련을 갖는가'에 대한 해명이다. 사단 칠정 해석이 담고 있는 그 시대의 '도덕적 상황과 관련된 현실적 성격'이 어떤 것인지의 문제야말로 반드시 밝혀져야 할 문제다. 이 문제가 곧 이제까지 살펴 온 문제의식에 부합하기 때문이다.

필자의 생각으로 이것을 알아내려면 무엇보다도 사단 칠정에 대한 해석이 '왜 「천명도」에 기재되었을까' 하는 점부터 짚어야 하고, 해석의 논변에서 '논란이 집중되었던 점'을 아울러 되새겨야 한다. 그런 뒤에 이러한 점들이 서로 그 시대의 '도덕적 상황과 어떻게 연관되는지'를 알아내야 할 것 같다.

돌이켜 보면, 「천명도」는 사람들에게 선한 '오성五性(五常)의 선험적 본구'를 보증하는 식으로 그려졌고, 그 오성의 본구로 해서 인간이 영장靈長임을 깨닫게 하는 작품이었다. 그런 점에서 그것은 '오성에 의한 영장의 값'을 사람들에게 하도록 한 데에 그 저작의 목적이 두어졌다고 해야 한다. 오성에 의한 영장의 값에 해당하는 것은 두 말할 나위

* 시대 여건을 고려할 때는 과거 이병도(李丙燾) 같은 학자는 그의 『한국유학사』(韓國儒學史)에서 참혹한 사화(士禍)의 연발을 들었다. 사화로 해서 유학자들이 의기소침해짐으로써 일종의 은둔을 하면서 철학에 몰두한 결과로 심성에 대한 연구가 깊어졌다는 것이다.

없이 천인합일을 위해 바른 '도덕 행위'를 하는 일이다.

논변에서 논란의 핵으로 되었던 것은 '사단을 리발理發'이라 하는 해석이었다. 학파의 성립을 가져온 원인도 사단에 대한 실제적인 리발의 주장 여부에 있었다. 그 리발의 주장을 타당화하기 위해 이황은 호발설까지 제시했다. 호발설은 말할 나위 없이 의미〔所指〕뿐 아니라 발동 유래〔所從來〕에서까지, '성이 발함'性發, 곧 '오성이 발함'을 가리킨다. 이 점을 상기하면, 정지운과 이황이 「천명도」에 사단 칠정의 해석을 적어 넣은 의도는 사단으로 상징되는 '도덕 감정'의 자연 발로, 그리고 보다 근원적으로는 '오성'의 본구와 그 발현을 리기론 차원에서 확실히 하려는 것이었다. 그것은 오성의 발현인 '도덕 감정의 실천'을 위해 낸 존재론적 해석 형식이다. 그 해석이 지닌 도덕 성격이 이 점에서부터 잡히기 시작한다.

마침 정지운은 『천명도해』 맨 마지막 부분에서 도해 저작에 대한 총체적인 설명을 하면서 그 도해의 성격을 시사하고 있다. 다음 자문자답식으로 적은 그의 글이 이러한 점에 대한 해명이다.

"(또한 묻기를); 인간과 타물에 형상〔形〕이 있으면 반드시 성性이 있고, 성이 있으면 그 성의 단서〔端〕가 반드시 밖에 발현된다. 그래 인간에 있어서는 오성五性을 두루 갖춘〔旁通〕 까닭에, 부자父子 관계로서는 그 친애함〔親〕을 알고, 군신君臣으로서는 그 의로움〔義〕을 알고, 부부夫婦로서는 그 분별됨〔別〕을 알고, 장유長幼로서는 그 차례〔序〕를 알고, 붕우朋友로서는 그 믿음〔信〕을 안다……."[21]

정지운은 이 글에서 '오성'이 마치 사단으로 발현되듯이, 그것들이 실상 '오륜'五倫으로 구현됨을 분명히 밝히고 있다. '인의예지신'仁義禮智信의 오성이 또한 도덕 원리의 덕목인 '오상'으로도 간주됨은 이미 누차 되풀이했다. 그 오상은 더 나아가 각기 오륜의 '친親·의義·별別·서序·신信'으로 구체화된다는 것이 그의 이론이며, 아울러 정주성리학에서 주장하고 역설하는 이론이다.

이 이론을 참작하면 「천명도」에 기재된 사단 칠정, 그 가운데서도 특히 '사단이 리발'이라는 해석은 그 시대의 '오륜의 도덕'을 성리학의 리기론으로 확실히 하는 의의를 지닌다. 사단에 대한 리발의 해석은 그 시대 도덕 체계를 대표하는 '오륜 체계'五倫體系의 공고화를 과녁으로 삼은 해석이었다. 그 해석의 당시 시대 상황과 관련된 현실적 성격은 곧 '오륜 도덕 체계의 확고화'라는 사실이 여기서 읽힌다.

이로써 일찍이 맹자가 성선설을 증명하기 위해 사용한 사단설이 오륜으로 대표되는 유학 '도덕의 합리화'였다면, 정지운·이황 등은 사단 칠정의 리기 해석을 통해 그 도덕과 도덕 체계를 더욱 '확고히 했다'는 판단이 성립한다.* 사단 칠정의 리기 해석이 갖춘 그 시대의 현실적 함의는 곧 오륜의 '도덕과 도덕 체계의 확고화'임에 틀림없다.

---

* 이이(李珥)의 이론(理論)이 이 대목에서 의문으로 뜰 수 있다. 그의 경우는 '기발이리승지'(氣發而理乘之)의 승기리(乘氣理)가 중요시되었을 뿐 리(理)를 간과하지 않았음에 주목해야 한다. 그가 리통(理統)을 주장함은 이와 관련 있지 결코 우연한 것이 아니다.

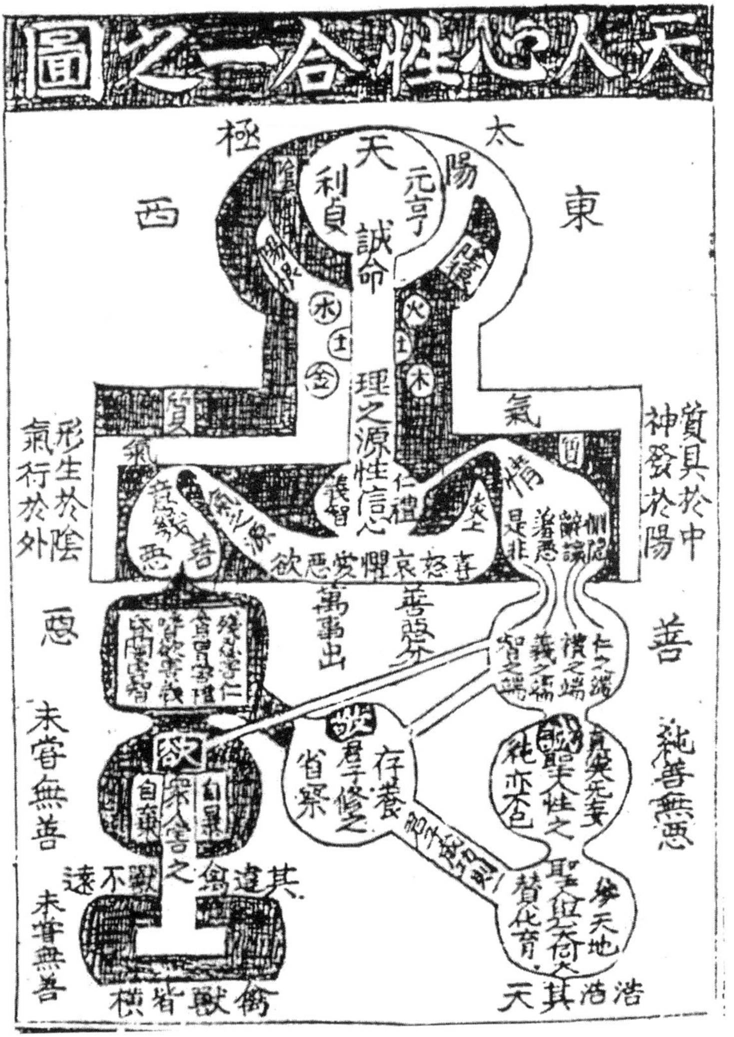

〈그림 1〉 권근의 「입학도설」 1

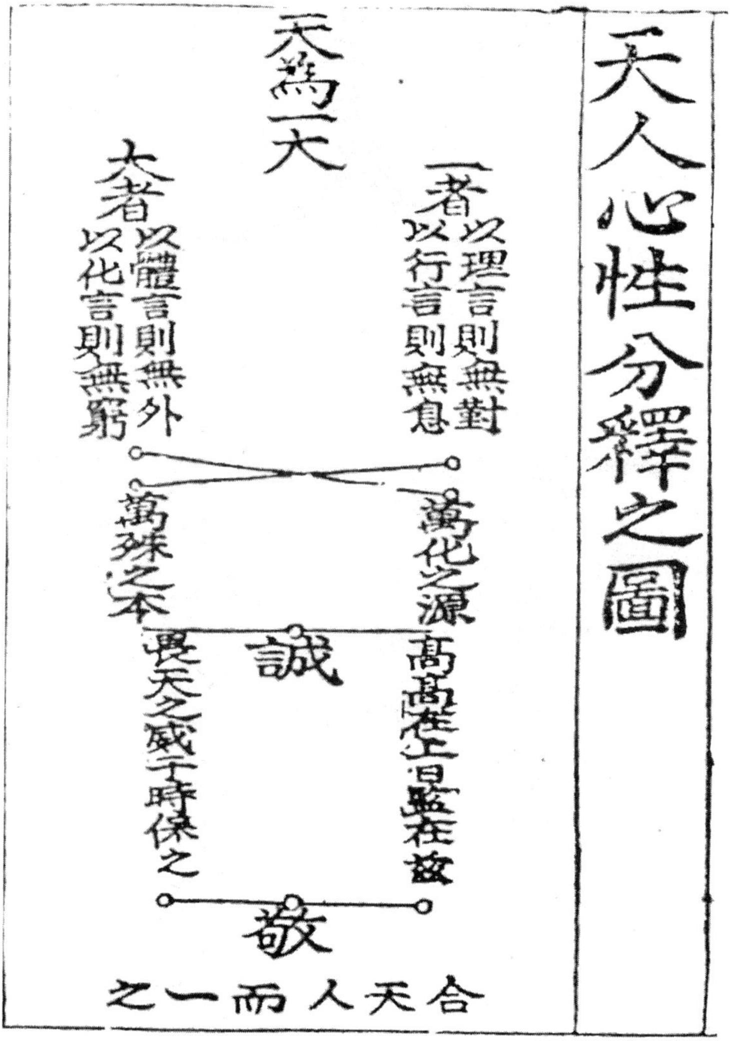

〈그림 2〉 권근의 「입학도설」 2

〈그림 3〉 권근의 「입학도설」 3

〈그림 5〉 권근의 「입학도설」 5

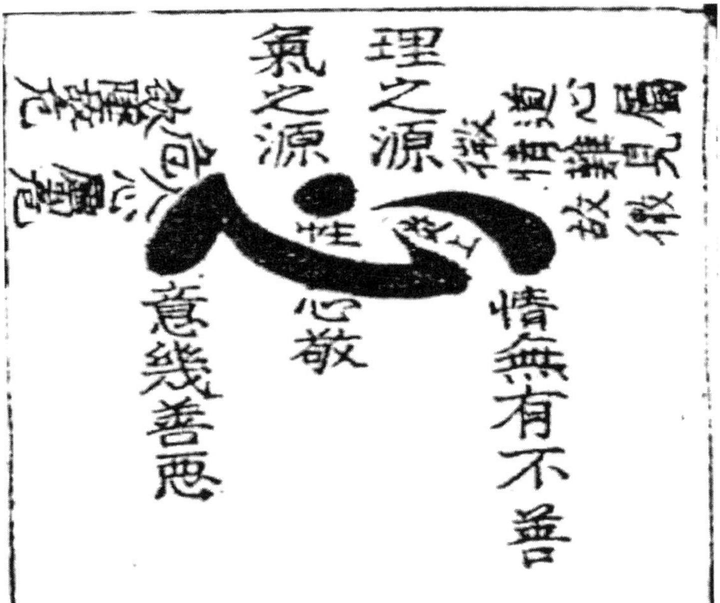

〈그림 4〉 권근의 「입학도설」 4

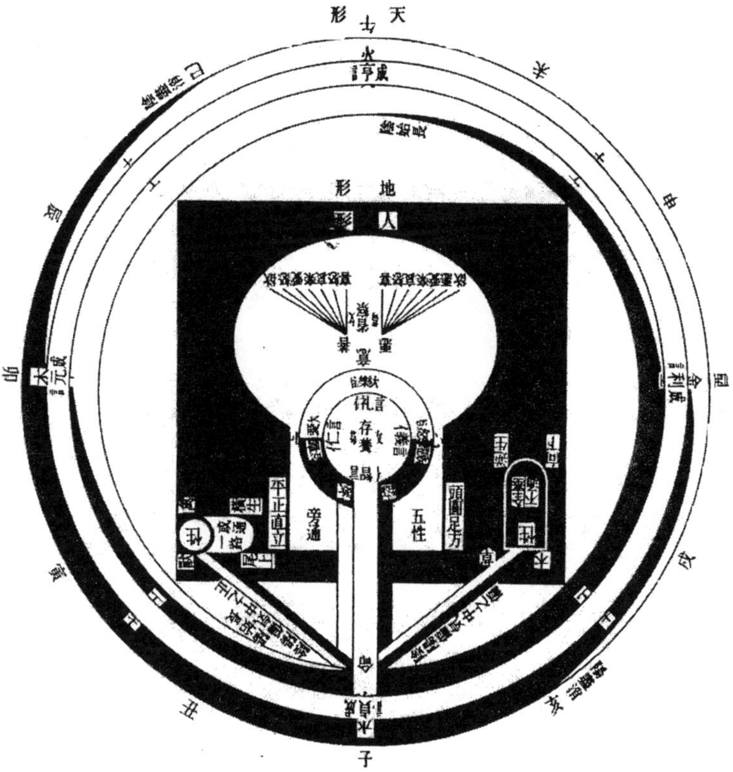

〈그림 6〉 정지운의 「천명도」

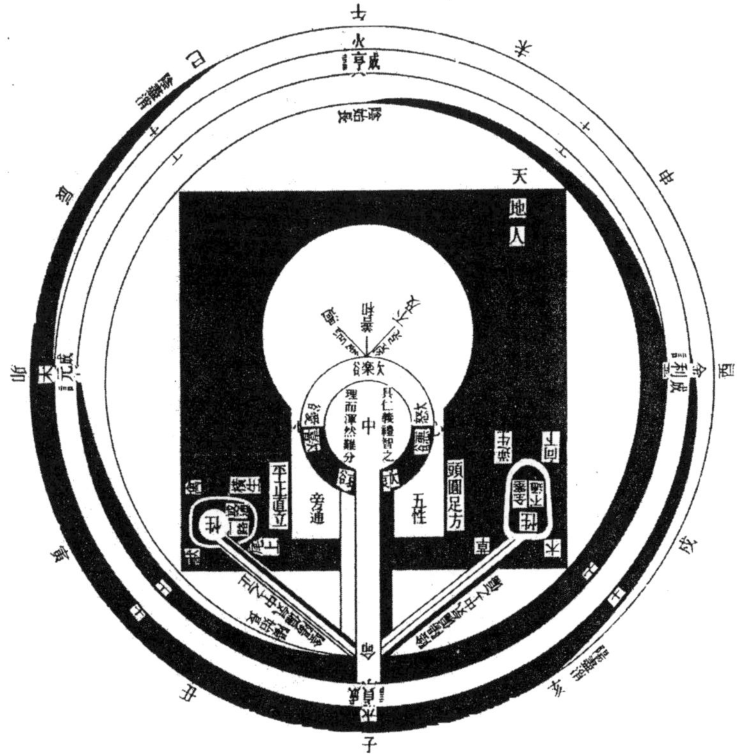

〈그림 7〉 김인후의 「천명도」

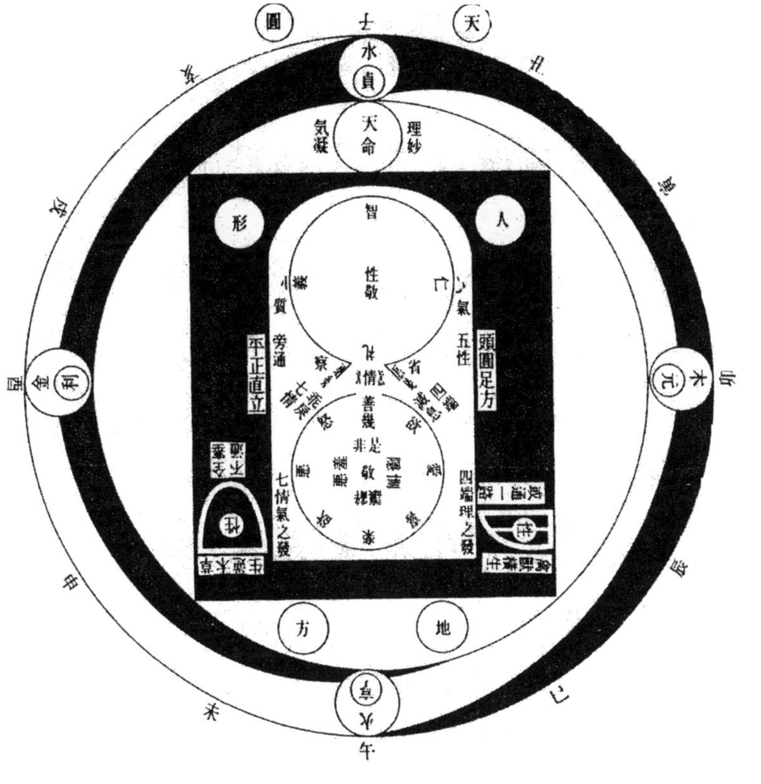

〈그림 8〉 이황의 「천명도」

주

1 權近, 『入學圖說』 권1, 「語孟大旨」 20장, 앞쪽.

2 『論語』 제12 「顔淵篇」.

3 『入學圖說』 권1, 「天人心性合一之圖」의 설명.

4 『周易』, 「繫辭篇」.

5 『中庸章句』 序. "其或生於形氣之私, 或原於性命之正."

6 權近, 『入學圖說』 권1, 7장, 앞쪽.

7 앞 책 권1, 7장, 뒤쪽.

8 『맹자』, 「盡心」 상. "君子所性, 仁義禮智根於心."

9 『중용』, 제1장.

10 앞과 같음.

11 李滉, 『退溪全書』 상(성균관대학교 대동문화연구원, 1958), 911쪽. 또는 『退溪文集』 권41, 「잡저」, '天命圖說後敍 附圖'.

12 李滉, 『退溪全書』 상, 915~916쪽.

13 앞 책 상, 408쪽. 이황이 정지운과 상의해서 낸 「天命圖」 중에도 이 해석을 넣은 것이 있다.

14 두 사람 사이의 논변은 李滉의 『退溪全書』와 奇大升의 『高峰全集』에 다 들어 있다. 『退溪全書』(성균대학교 대동문화연구원, 1958)의 경우에는 그 상권, 402~442쪽. (『퇴계집』 권16~권17). 『高峰全集』(성균대학교 대동문화연구원, 1979)에는 『兩先生往復書』, 145~246쪽 및 『兩先生四七理氣往復書』, 247~291쪽에 있다.

15 앞과 같음.

16 이에 대한 좀 더 자세한 것은 『자료와 해설, 한국의 철학사상』(고려대학교 민족문화연구원 한국사상연구소 편저, 예문서원, 2001), 453~485쪽에 기재되었음을 밝혀 둔다.

17 李珥, 『栗谷全書』 권10(율곡사상연구원, 1978), 197~222쪽 참조.

18 윤사순, 「'高橋亨의 韓國儒學觀' 검토」, 『韓國學』 12집(중앙대학교 한국학연구소, 1976)에서 상론했음.

29 李珥, 『栗谷全書』 권10, 「答成浩原」.

20 앞과 같음.

21 鄭之雲, 『天命圖解』, 「雜解」.

3장

예설, 본성설에 깃든 도덕의식

I

예학 시대 사상의 흐름

한국 유학사에서 좁게는 17세기, 넓게는 17~18세기 중반을 '예학 시대'禮學時代라고 부른다. 이 자리에서는 넓은 범위로 파악함이 서술 편의상 좋을 듯하다.

본디 유학의 세계에서 예를 중요시함은 가장 큰 특징이다. 서두에서 언급한 대로 유자 집단〔儒家〕은 춘추 시대 예교육자〔相禮者〕로 출발한 집단이기 때문이다. 예를 제외하고서 유학을 논할 수 없는 형편이다. 더욱이 윤리·도덕을 논의하는 자리에서는 더 그렇다. 유학의 윤리·도덕은 원천적으로 예의 관습에서 비롯되었다.

비록 예가 유학의 윤리·도덕과 깊은 연관을 갖고 있을지라도, 조선 시대 전체나, 그 시대의 여러 시기를 예학 시대라고 부르지 않는다. 오직 17~18세기 중기를 가리켜 예학 시대라고 한다. 그 이유는 이 시대에 유학자들, 곧 성리학자들이 예禮를 왕성히 '연구하고 정리'했으며, 그 예를 '붕당朋黨의 집권 도구'로까지 이용한 데에 있다. 이렇게 높은 열정을 가지고 예에 각별히 신경을 쏟은 시대는 일찍이 없었다. 학자뿐 아니라 관료와 일반 선비〔士大夫〕들이 다 예를 중요시해 연구, 정리하고 그 실행을 둘러싸고 붕쟁까지 한 시대는 오직 이 시대뿐이다.

이 시대의 유학자들은 "예가 아니면 보지 말고, 듣지 말고 움직이지 마라"는 공자의 가르침을 철두철미하게 실행한 셈이다. 예를 '절대시'絶對視해, 그것을 바르게 행해야 이상적인 인간인 군자君子이고, 그것을 행하지 못하거나 어기면 곧 부족한 인간인 소인小人이라고 지탄하던 것이 이 시대의 풍조였다. 이 시대의 윤리·도덕은 실상 예의 이름 속에서 사유되고 실행되었다.

예학 시대의 사유 지형을 면밀히 살피면, 이 시대의 유학은 그 전·후반기의 주조에 차이가 난다. 17세기에는 '예의 실천'과 '예의 연구 및 새로운 정비'가 왕성했던 데 비해, 18세기에는 그 '연장적인 경향'과 함께 예의 근거 탐색에 해당할 철학인 '인성물성동이론'人性物性同異論과 '미발심체유선악'未發心體有善惡 등의 논의가 학계의 주류를 이루었다. 16세기에 일어난 사단 칠정의 리기 해석을 둘러싼 이황 계열과 이이 계열이 각기 대립되는 연장적 현상 또한 이 시대의 철학으로 생명력을 가지고 있었다.

17세기 성리학계는 예의식을 제외하면, 오히려 다른 사상들의 많은 도전에 직면했다. 앞 시대에 이황李滉이 앞장서서 배척하던 반정주학 성향의 '육왕심학'陸王心學이 은연중 학계의 관심을 끌었고, 역시 16세기에 전래된 천주교와 그에 수반되어 전입된 서구 근대 과학기술, 곧 '서학'西學이라 총칭한 사상이 또한 이 시기 일부 유학자들의 지적 욕구를 자극했다. 그런가 하면, 후기 '탈성리학적 실학實學'이 대두하고 있던 시기도 17세기였다. 육왕심학이 반정주학의 기치 아래 발흥했음을 숙지하고 있었을 뿐만 아니라, 서학에도 어느 정도 개방적인 태도를 지녀 그 영향을 받던 일부 유학자들은 정주성리학 풍토의 비실제적 한계에 불만을 품고, '현실 정책과 사상계의 개혁'을 모색함으로써 탈성리학적 성향의 실학을 싹틔우고 있었다.

여러 사상적 성향이 혼재하던 17세기였지만, 통치 원리는 전과 다름없이 정주성리학이었다. 이 시대에도 정주학이 사상계의 주류였음은 더할 나위 없다. 그 정주성리학을 이끌던 학자들이 이 시대에 들어 앞 시대와 전혀 다른 양상을 보인 것이 바로 예禮에 대한 태도일 따름이다.

정주학자들은 그들 학문의 새로운 분야에 대한 탐구나 개발보다는 '예에 대한 더욱 높은 관심'과 '학문적인 태도' 및 '실천의 모습'을 보였다. 그들은 이제 『예기』, 『의례』나 특히 『가례』의 예절禮節을 단순히 지키면서 반복적으로 실행하는 데서 그치려 하지 않았다. 지난날의 예를 '정리'하거나, 『가례』로 부족한 예를 '보충'하고, 모든 예절과 예식을 다양하게 세분해 '세목화'하면서, 기존의 예들에 '새로운 해석'을 더하는 작업에 열중했다. '예학'禮學이라는 용어가 그 시대 사조의 표현으로 이용되게 된 데는 이러한 경향에 말미암는다.

그러한 현상의 실례들, 곧 예학자로 꼽히는 '인물'과 그들의 '업적'

을 들면 다음과 같다.

정구鄭逑(호 한강寒岡, 1543~1620)의 『오선생예설분류』五先生禮說分類, 『예기상례분류』禮記喪禮分類, 『가례집람보주』家禮輯覽補註, 『오복연혁도』五服沿革圖, 『심의제도』深衣制度, 『사례문답휘류』四禮問答彙類. 김장생金長生(호 사계沙溪, 1548~1631)의 『의례문해』疑禮問解, 『가례집람』家禮輯覽, 『상례비요』喪禮備要 등. 김집金集(호 신독재愼獨齋, 1574~1656)의 『의례문해속』疑禮問解續. 정경세鄭經世(호 우복愚伏, 1563~1633)의 『상례참고』喪禮參考, 『사문록』思問錄. 박세채朴世采(호 남계南溪, 1631~1695)의 『남계예설』南溪禮說, 『육례의집』六禮疑輯, 『삼례의』三禮儀, 『범학전편』範學全篇. 김간金榦(호 우재厚齋, 1646~1732)의 『동유예설』東儒禮說. 김창집金昌集(호 몽와夢窩, 1648~1722)의 『오륜전비언해』五倫全備諺解. 이재李縡(호 도암陶庵, 1680~1746)의 『사례편람』四禮便覽 등.

이로써 그 시대의 저명한 정주학자들이 예에 대해 얼마나 특별한 관심을 쏟았는지 충분히 알 만하다. 왜 이런 현상이 벌어졌을까? 이렇게 해야 했던 구체적인 이유는 아래에서 찾아진다.

정구鄭逑는 『오선생예설분류』를 엮는 자리에서, 특히 '『가례』를 비롯한 주희의 예서禮書'를 자신의 편술에 넣지 않는 이유를 이렇게 밝히고 있다.

"『가례』의 책〔書〕 같은 것은 오늘날 성행해서 없는 집이 없고, 사람마다 논하지〔講〕 않는 사람이 없는데, 지금 그것을 여기에 다시 편입하면 어찌 중복되어 번잡케 하는 것이 아니겠는가!"[1]

"근세에 예서禮書를 수집해 질帙로 엮은 것에 『상제예록』喪祭禮錄이 있고 『주문문례』朱門問禮가 있지만, 모두 주자서朱子書에서만 뽑은 까닭에 충분히 구비되지 않았다. 그리고 그것들은 부문별로 분별 않은 채 잡출雜出되어 도리어 전과 마찬가지로 크고 산만(汗漫)하다."[2]

이로 보면, 주희의 『가례』는 정구가 예를 편집한 책인 『오선생예설분류』에 넣지 않아도 좋을 만큼 이미 널리 보급되었다. 『가례』 외의 다른 예에 대한 주희의 글도 이미 다 알려져 실행되고 있어, 그의 편집서에 넣을 필요가 없는 처지였다. 그의 시대는 그러한 것보다 '더 많은 예의 지식'을 필요로 하는 시점에 이르렀음을 이 글은 밝혀 준다. 정구 자신은 바로 이러한 시대적 요구에 부응해 주희의 예서 외에 정호程顥, 정이程頤, 사마광司馬光, 장재張載 등의 예설을 수집해 부문별로 분류했던 것이다.

『가례』가 일반 민가(私家)의 관冠·혼婚·상喪·제祭의 예절을 밝힌 서적임은 이미 언급했다. 정구의 지적대로 이 시대에 와서는 그 네 가지(관혼상제)의 '사례'四禮를 『가례』보다 더 구체적으로 보충한 서적이 많이 나왔다. 특히 '상례'만을 별도로 상술한 것을 비롯해, '사례'를 통틀어 상술한 서적이 그러한 것이다. 다음은 이재李縡가 편찬한 『사례편람』에 보이는 글이다.

"우리나라에서 『가례』를 계승해 예를 말한 것으로는 오직 『상례비요』喪禮備要가 으뜸이어서, 지금의 사대부들이 모두 (그것을) 받들어 행한다. 그러나 『가례』는 절문節文이 다 갖추어지지 못했고, 『비요』는 상제喪祭만 다루어, 고금에 일하는 예를 행할 수 없고, 길흉의 예에 통용할 수 없다. 때문에 도암陶庵 이 선생李先生이 『가례』를 벼리로 하고 『비요』를 본떠 관혼冠婚의 두 의례를 증보했다. 아울러 고례古禮의 이론들에 기대되, 그 번잡함과 간명함을 참작해서 같고 다름을 바로잡아 하나의 예서禮書를 만들어 『사례편람』四禮便覽이라 이름했다."[3]

이 시대 유학자들은 주희의 예설을 근간으로 하면서 선유들의 이론들을 참고해 세목화 또는 절문화節文化해서, 합례적 생활을 꾀하려는 의도를 충족코자 했다. 이는 유교 사회의 생활이 복잡해짐에 따라 합례적인 행위 형식도 복잡해지던 환경에서 나온 현상이다. 다시 말해, 기존의 예만으로는 생활에 불충함을 느끼게 된 여건에 부응하려는 의도에서 이룬 예학자들의 학문 양상이 바로 이렇게 되었다.

특히 김장생金長生의 『의례문해』疑禮問解는 기존의 예들만으로는 해결되지 않는 국면에서 나온 세세한 예에 대한 구체적인 해설을 담은 대표적 예서다. 이 책은 기존의 예서들에 들어 있지 않지만 마땅히 알아서 행해야 할 예절에 대한 그 제자들의 질의에 김장생이 답한 내용을 제자들이 묶은 것이다. 이에는 김장생 자신의 의견을 제시한 것도 있지만, 주희·이황·김인후 등 앞선 학자들의 설을 참고해 대답한 내용이 대부분이다. 거기에는 대를 잇는 종법을 비롯해, 처부모 칭호라

든가 상제 때의 세세한 잡례雜禮(雜儀)까지 포함되어 있다.

이런 점으로 보아, 그 시대야말로 선비(사대부)들의 '합례적인 행위'를 중요시하던 정도가 거의 '절대적이었음'을 한눈으로 확인할 수 있다. 그 시대의 예禮 절대시絶對視 사유는 곧 '도덕 절대시'道德絶對視로 번역될 사유에 다름 아니다. 아래에 적는 그 시대 선비들의 예를 바탕으로 한 정치 현상에서도 이런 점은 더욱 선명하게 드러난다.

2

예의 당쟁 도구화

일찍이 현상윤玄相允(호 기당幾堂, 1893~?)은 예의식이 강해지면, 그로 말미암아 당쟁이 일어남을 지적했다. 수양을 바탕으로 합례적合禮的 행위를 잘하느냐 못하느냐에 따라 이상적인 인간인 '군자'君子와 그 반대인 '소인'小人의 엄격한 변별이 생기기 때문이다. 그 변별 현상은 실상 개인의 '인격人格에 대한 평가'인 까닭에, 소인의 평을 받은 측에서는 반드시 반발을 일으키게 된다. 그 반발은 나아가 붕당朋黨을 형성하게 하고, 붕당의 대립은 자연히 붕쟁 형식의 당쟁黨爭까지 일으키게 마련이라는 것이다.[4]

그의 이 주장은 납득할 수 있는 견해라 할 만하다. 예禮를 지극히 중요시하던 사대부들 사이에서는 이미 16세기 말엽부터 그 합례적인 행위 여하와 관련된 인격 평가를 둘러싸고 동인東人, 서인西人의 붕당이 실제로 발생하기 시작했다.* 17세기에 동인과 서인은 각각 남인南人, 북인北人과 노론老論, 소론少論으로 나뉘었고, 이 가운데 특히 남인과 노론의 대립이 심각했다.

첨예하게 대립된 남인과 노론이 예를 정치적으로 이용했던 데서, '예송'禮訟 이름의 당쟁이 일어난다. 예가 이 시대에는 당쟁의 '이슈' 또는 '도구'로 이용되는 현상을 빚는다. 예송은 때로 '복상론服喪論의 대립'이라고도 불리는데, 그 전말은 아래와 같다.

예송의 발단은 효종孝宗이 세상을 뜨는 데서 비롯된다. 효종이 1659년(현종 원년, 己亥)에 돌아가자, 그의 계모이며 인조仁祖의 계비인 자의대비慈懿大妃 조씨趙氏의 상복을 '어떤 종류의 복服'으로 정해야 하는가의 문제가 생겼다. 이것이 이른바 복상 문제다.

이에 대해 서인인 송시열宋時烈(호 우암尤庵, 1607~1689)과 송준길宋浚吉(호 동춘당同春堂, 1606~1672)은 '기년복'朞年服(一年服)의 안을 냈다. 하지만 남인인 윤휴尹鑴(호 백호白湖, 1617~1680)와 허목許穆(호 미수眉叟, 1595~1682)은 (시일의 차이를 두고) 3년복설을 주장했다. 이 두 주장 가운데 군왕과 조정은 기년설을 택해 시행하게 했다. 기년복을 실행한 뒤에도 그것이 옳은가 3년복이 옳은가를 따지던 양측 논의의 대결〔論辨〕은 그치

* 김효원(金孝元, 1532~1590)이 과거에 합격하기 전이었지만 그 이름만은 상당히 알려진 터에, 영의정인 윤원형(尹元衡, ?~1565)의 집에서 숙식을 했다. 이 사실을 심의겸(沈義謙, 1535~1587)이 알고서, 선비가 권문(權門)에 드나듦을 비루하게 여겨 비난했다. 그 뒤 김효원이 이조(吏曹)의 정랑(正郞, 銓郞)으로 되었을 때, 심의겸의 아우 심충겸(沈忠謙, 1545~1594)의 정랑 추천을 (그 형제가 외척 출신임을 빙자해서) 배척했다.

지 않았다. 그 논쟁은 약 20년 동안이나 계속되었다.* 이것을 일러 '1차 예송' 또는 '1차 복상 논쟁'이라 한다.

왜 이렇게 되었나? 이 예송에는 물론 원인이 있었다. 서인이나 남인에게는 집권을 위한 정략이 잠재되었던 것이다. 그런데다 이렇게 주장할 수 있는 '예설禮說의 근거', 곧 '명분'名分이 있었다. 명분으로 내세울 예설의 근거가 제각각이었던 점이 가장 큰 원인이었다. 아래에 1차 예송의 내막을 소개하겠다.

원래 궁중 예의 집성서인 『국조오례의』國朝五禮儀에 "어머니는 아들을 위해 1년(朞年) 동안 복을 입는다"고 했고, 『예기』禮記에도 기년복설이 있었다. 송시열과 송준길은 바로 이것들을 근거로 삼았다.

이에 비해 윤휴는 『의례』儀禮 참최장斬衰章(삼년복)의 주해〔가공언賈公彦 주소註疏〕에 적힌 차장자설이 있음을 보고, 이를 논거로 삼았다. 거기에 적힌 "맏아들〔長子〕이 죽어서 적실 아내〔嫡妻〕의 '둘째 아들'次長子을 뽑아 세웠으면, 그 또한 맏아들이라고 (이름)한다"는 것을 들어, 윤휴는 3년복이 옳다고 주장, 그것을 조정에 건의했다. 여기 "맏이가 죽었기 때문에 뽑아 세운 적실의 둘째도 맏아들이다"라고 한 것은 '효종이 원래 적실의 둘째 아들'로서 사망한 맏이를 대신했기 때문에, 효종에게 적용되는 조목이었다. 윤휴는 이 점을 이용했던 것이다.

조정의 논의를 종합해서 결정해야 하는 영상(장태화)은 당황했다. 이

---

* 이는 현종의 재임한 기간(1659~1674)과 그 뒤 숙종 5년(1679)까지를 말한다.

때 송시열은 『의례』의 삼년조 주소註疏에 또 네 가지 설이 있음을 지적했다. 뿐 아니라 『대명률』大明律과 국가의 법전〔國制〕인 『경국대전』에 "장자와 서자를 막론하고 다 기년복을 입는다" 했고, 『상례비요』에도 이러한 것이 있음을 들어, 그는 기년복을 계속 주장했다. 이에 영상은 마침내 기년복으로 결정토록 했다.

남인인 허목은 이듬해 (4월) 상소를 통해, 다시 『의례』 주해〔註疏〕의 내용을 근거로 기년복설의 잘못을 논했다. 그 『의례』 주해에는 "적실 아내의 둘째 아들도 맏아들(과 같음)이라"고 했다. 이는 '통서〔統〕와 체體'의 관계가 '정통正統과 정체正體'임을 가리킨다. 이런 때는 마땅히 3년복이라야 옳은데, 만일 기년복을 시행하면 그것은 "체(곧 子)지만 정통이 아닌〔體而不正〕 첩妾의 소생"에게 적용하는 복에 해당한다는 것이다. 효종은 원래 적실 아내의 둘째 아들로 맏아들을 대신했으므로 3년복을 적용해야 옳지 기년복은 틀린 복상이라는 것이다. 허목의 주장도 윤휴의 3년복설과 같지만, 이것은 기년복을 적용하는 것이 '효종을 소실의 아들로 대우'한 시책에 해당함을 찍어, 서인들의 '복상 정책 실패'를 더욱 '심각하게 부각'한 특징을 띤다.

현종은 일의 심각성을 느끼고, 신하들에게 어느 견해가 옳은지 다시 물었다. 대신들도 양분되어 각기 기년설과 3년설 가운데 어느 하나를 택한다. 그 어느 한 이론을 주도한 대신들이란 또한 앞에서부터 이론을 제기했던 그들과 각 측에 한둘이 더 가세한 인물들이다.

송시열은 그 참최장의 주해로 판단하더라도, 아버지(부모)가 아들을 위한 참최 3년복은 맏아들이 자신(부모)보다 먼저 죽었을 때 한 번 입지, 두 번, 세 번 입지 않는다는 주장을 내세운다. 만일 아버지가 그 복을 두 번 입는다면, 그것은 "두 정통〔二統〕이 없다"는 통서의 원칙에 어긋나는 행위라는 것이다. 효종이 맏아들을 대신해 대통을 이은 만큼 정통正統에 해당하고, 적실의 둘째 아들인 '체'體(곧 子) 또한 바르지만, 참최의 3년복이 두 번째에는 적용될 수 없다는 주장이다. 송시열은 또 "서자庶子를 세워 후사를 삼더라도 3년복을 입을 수 없는데, 첩의 자식이기 때문이다"라고 한 '妾子故' 석 자는 허목許穆이 지은 말이지 주해의 글이 아님을 밝힌다.[5]

이때 좌찬성 송준길도 이 의견을 지지하는 차箚를 올린다. 그에 따르면, 주해〔註疏〕에는 아버지가 장자를 위해 3년복을 입음을 말했을 따름이다. 만일 허목의 주장대로 한다면, 아버지가 지극히 불행한 경우 셋째, 넷째, …… 여섯째 아들이 죽더라도 매번 3년상을 입어야 한다는 식이어서 맞지 않는다. 그리고 주해의 '서자'庶子는 둘째 이하를 통틀어 가리키는 '중자'衆子의 의미지, 반드시 첩의 아들〔妾子〕을 가리키지 않는다. 허목은 이를 첩의 아들로 말해 주해의 설을 앞뒤가 맞지 않게 했다는 것이 송준길의 주장으로, 기년복설을 지지한 내용이다.[6]

3년상 측의 허목은 이들에게 굽히지 않고, 오히려 이들의 주장을 계속 반박한다. 참최의 3년복을 "두 번, 세 번 입지 않는다"는 글은 어디에도 씌어 있지 않음을 그는 지적한다. 그로서는 정통正統이면서 정체正體인 경우라면, 다섯·여섯 번이라도 3년복을 입을 수 있다고 한다. 또 주해의 '서자'가 '첩자'를 가리키지 않고 '중자'를 가리킬 따름이라는 데 대해서는 중자와 서자를 다 포함한 의미로 대응한다. 그는 중자

衆子란 (적자인) 장자의 아우들과 첩의 아들(서자) 및 딸들까지 다 포함됨을 지적하고, 서자庶子 또한 첩의 아들의 의미와 더불어 중자의 의미가 겹침을 지적한다. 따라서 『의례』「주해」에 쓴 '서자'라는 데서는 '첩의 아들'까지 가리킨다고 주장한다.

여기서 허목은 서인들이 기년복을 적용한 조치가 어디까지나 효종에 대해 '서자 취급'의 '잘못된 조치'였음을 부각해서 강조한다. 이 같은 상소와 함께 그는 이 관계의 도표인 「상복도」喪服圖를 지어 임금에게 바쳤다.[7]

판단을 내리기 어려웠던 왕은 그 「상복도」를 송시열에게 주고 답하도록 한다. 송시열은 그 허목의 주장을 변박한다. 그에 따르면, 먼저 『의례』의 주해에서 "둘째 아들 또한 맏아들이라고 하고 참최斬衰의 복을 입는다"라고 한 것은 (앞서 말한 대로) 맏아들이 '폐질' 따위로 일찍 죽어 '3년복을 입지 않은 뒤'에 둘째 아들을 세운 경우를 가리킨다. 거기에 또 "둘째 아들을 동일하게 서자庶子라고 한다"고 한 것은 둘째 아들을 첩의 아들과 구별할 때는 '적'嫡이라 하고, 그를 맏아들과 구별하기 위해서는 '서'庶 자를 붙인다고 변명한다.

따라서 효종에게는 첩의 아들이라는 뜻의 서庶가 아니고, 둘째라는 뜻의 서일 따름임을 송시열은 강조한다.[8] 이 변해辨解는 실상 그의 앞선 주장을 되풀이한 셈이지만, 그의 기년복 적용을 정당화하는 데는 유효했다. 왜냐면 왕은 이를 보고 마침내 처음 정한 기년복을 확정했기 때문이다.

하지만 논란은 이로 그치지 않았다. 남인 윤선도尹善道(호 고산孤山,

1587~1671)가 이 문제에 뛰어들었다. 그는 윤휴나 허목보다 더 과격하게 기년복의 조치를 지탄해, 논란을 한껏 '극렬'하게 만들었다.

윤선도의 상소에 따르면, 이 경우 기년복으로 한 것은 효종의 '승통'承統을 약하게 하는 조치로서, 마치 '왕의 적통'을 효종에게 돌리지 않고 왕위에 오르지 못하고 돌아간 (효종의 형) 소현세자에게 돌리는 행위라고 주장했다. 그는 아울러 송시열이 효종을 충분히 보필하지 못한 점을 꼽으면서, 10년이나 왕의 역할을 한 효종에게 적용해야 마땅한 '적'嫡과 '장'長을 인정하지 않는 '불충'不忠을 저질렀다고 지탄했다. 그는 심지어 상소 끝에서, 그의 주장이 받아들여지느냐 아니냐로 지금 왕(현종)의 권위의 확고함 여부와 국조의 연장 여부를 점치겠다고, 자못 위협적인 언사까지 서슴지 않았다.[9]

윤선도의 상소로 말미암아 복상론은 '예론禮論의 성격'을 넘어 확실히 '정권 쟁탈의 도구'로 되었다. 그 상소를 계기로 서인과 남인은 극렬하게 격돌하는 상태로 변했다. 왕조차 윤선도의 마음 씀〔心術〕이 부정하다는 이유를 들어, 관작을 삭탈해 시골로 돌려보내라고 명했다. 서인들이 그 죄의 무거움을 들어 먼 곳으로 유배流配토록 제청하자, 윤선도는 멀리 함경도 산수山水로 유배된다.

남인 측에서는 권시權諰(호 탄옹炭翁, 1604~1672)를 비롯한 많은 학자 관료가 숙종 초(4년, 1678)에 이르기까지 윤선도에 대한 조치가 지나침을 주장하면서 유배를 면하도록 소청한다. 비록 그의 언사는 간악했더라도, 그 내용은 취할 만한 주장이라는 것이 그들 소청의 근거다. 대체로 이상과 같은 것이 '기해복상론' 또는 '1차 예송'의 내용이다.

이것을 1차라고 함은 물론 '2차 복상론' 또는 '2차 예송'이 있기 때문이다.

2차 예송二次禮訟도 내용은 '복상의 기간'을 두고 다툰 논쟁이다. 그 개요는 다음과 같다.

1674년(현종 15) 2월 '효종의 비, 인선왕후(왕대비 장씨)'가 세상을 떴다. 그때 생존하고 있던 '인조의 비, 자의대비(대왕대비 조씨)'의 복상 문제가 또 대두되었다.

그 문제를 다루어야 하는 예조에서는 『국조오례의』와 『경국대전』에 의거해 기년복朞年服을 잠정으로 결의하고 있었다. 이때 송시열 등 서인 집권 세력이 대공복大功服(9개월)으로 정하자, 곧 예조에서도 그것을 따라 (기년복을 시정해서 대공복으로) 왕에게 보고했다. 이는 장자의 아내〔長子婦〕와 중자의 아내〔衆子婦〕의 복상 기간을 달리 규정한 『의례』, 곧 고례古禮를 따른 것으로, '효종의 비 인선왕후'를 '중자의 아내'로 대우한 성격이다. 결과적으로 그렇게 된 성격의 처우다.

이를 알게 된 남인 측에서는 '대공복'의 시행을 반대하면서, 그 안을 낸 서인들을 공박했다. 남인들에 따르면, 장자長子와 장자 아내의 복을 '기년朞年(1년)으로 한다는 것은 『국조오례의』와 『경국대전』에 명시되었다. 지난번 효종이 별세했을 때(己亥)도 서인들은 효종을 장자로 처우한다면서 고례인 『의례』의 주해〔註疏〕를 외면하고 굳이 『국조오례의』와 『경국대전』을 따랐다. 그러던 서인들이 이번에는 그 두 책(『국조오례의』와 『경국대전』)에 명기되어 있고 예조에서도 이것들에 의거한 '기년복'을 따르지 않고, 새삼 중자의 아내에 적용되는 '대공복'(9개월)을 택함은 무엇 때문인지 이해가 되지 않는다. 효종의 비 인선왕후를 참으로 '장자의 아내'로 대우하려면, 마땅히 '기년복'을 적용함이 옳지, '대공복' 적용은 그르다는 것이 남인들의 주장이었다.[10]

왕(현종)은 영의정이자 서인이기도 한 김수홍金壽興(호 퇴우당退憂堂, 1626~1690) 등에게 이에 답하도록 한다. 특히 예조에서 낸 기년복의 본래 결의를 대공복으로 바꾼 이유와, 지난번에 의거한 예서와 국제(『경국대전』)를 따르지 않은 이유를 명백히 밝혀 답하라고 명한다.

그러나 김수홍 등은 분명한 답을 내지 못했다. 몇 차례에 걸친 물음에, 다만 아래와 같은 답으로 그쳤을 따름이다. 곧 지난번(己亥) 『경국대전』에 따른 조치가 3년복이 아니라는 이유로 너무 논란이 일어났다는 것, 그리고 지금 대공복은 중자의 아내의 복을 적용하자는 의견이라는 것이 그 답변의 요지였다.[11] 이러던 그들은 뒤늦게 『경국대전』의 오복조五服條를 이끌어 "자식을 위한 부모의 복에 '중자부'衆子婦의 경우 대공大功"으로 규정되어 있음을 근거의 하나로 들었다.[12]

남인인 윤휴는 서인들의 복제론에 모순이 있음을 지적하고, 나아가 서인들이 『의례』의 주해를 내세우지만 그것은 명목일 따름이라고 비판한다. 그는 서인의 대공복에 대한 비판에서 그치지 않았다. 윤휴는 서인들이 내심으로는 효종의 비를 '중자의 아내'로 간주하는 까닭에, 대공복을 변함없이 고집한다고 질타하길 주저치 않았다.

이에 왕은 크게 노한 끝에 "국제國制에 따라 '기년복'으로 하라"고 확정했다. 아울러 김수홍을 춘천으로 유배시키고, 예조판서 조형趙珩

을 비롯한 관료들에게도 죄를 물었다. 결국 이 문제로 말미암아 서인들은 실각했고, 2차 예송 또는 2차 복상론(갑인복상론)은 매듭을 짓게 되었다.[13]

3

예론에 기댄 정쟁의 이해 문제

예禮가 지극히 중요시된 나머지 '당쟁黨爭의 도구'로까지 이용되었음은 앞 고찰로 분명해졌다. 예에 대한 지식과 실천을 지극히 중요하게 여긴 저 분위기를 가리켜 '예의 절대시 풍조', 곧 '도덕의 절대시 풍조'라 해서 지나침이 없다. 예로 표출되는 도덕을 이렇게 중요시한 데는 공자孔子 이래 '예에 의한 정치'禮治를 법치보다 훨씬 나은 '이상적 정치'로 여겨 온 사유가 작용했다. 그러나 성리학이 통치 원리로 된 국가라고 해서 모든 국가가 다 이토록 극진하게 예를 중요시하지는 않았다. 그 점을 감안하면, 이 또한 17세기 '조선 유학의 독특한 특징'이라고 해야 할 것이다.

두 차례에 걸친 복상론의 대결인 '예송'禮訟을 돌아볼 때, 학계에서 이미 판단한 대로, 서인과 남인이 취한 태도에는 다 같이 타당시되고 안 될 점이 있었다. 서인들은 1차(기해) 복상 문제에 임해, 국가에서 새 시대에 맞게 제정한 『국조오례의』와 『경국대전』의 복제를 따라 복상설을 주장했다. 이는 국가의 예제에 대한 당연한 조치였다. 만일 그렇게 하지 않았다면, 궁중 예 또는 국가 예를 제정한 의의를 망각한 것이 된다.

서인들은 1차 복상에서 『경국대전』과 『국조오례의』를 따랐으면서도, 2차(갑인) 복상 문제에서는 그렇게 하지 않았다. 그들은 2차 복상에서 예상 밖에도 남인들이 기대던 고례인 『예기』의 복제 주해를 따라 대공설을 냈다. 그들의 이런 태도는 '예의 실천'에서 일관성을 잃어 정당하게 여겨질 수 없었다. 그 태도는 '당쟁의 편의'를 고려한 정치적 태도라는 비판과 지탄을 면할 수 없는 과오였다. 그들이 비록 나중에 그 대공설大功說을 『경국대전』으로 합리화했지만, 그때는 과오를 시정하기에 이미 늦었다. 그로 해서 그들이 당한 실권失權은 그들이 자초했던 셈이다.

남인들이 1차 복상 문제에서 3년상을 들고 나온 데도 타당시되고 안 될 점이 있다. 그들의 3년복설 이면에는 효종으로 상징되는 '왕실의 특권적 권위'를 인정해, 예의 실천에서 일반 서민의 예와 차별하려는 명분과 의도가 있었다고 할 만하다. 그 시대의 왕권 강화 시각으로 볼 때 그러한 이해가 있을 수 있다.

그러나 국가에서 그 시대의 실정을 고려해 제정한 국제國制가 있음에도, 남인들이 그것을 외면하고 중국의 아득한 '옛적 학자(賈公彦)의 예설'을 적용하려 했음은 예의 실행을 시의에 맞도록 하는 태도가 아니다. 그 태도는 현상윤 등이 이미 지적했듯이, 정권을 쟁취하려는 집권욕에서 나온 것이 아닐 수 없다. 이 점은 허목에 이어 나온 윤선도의 상소문에서 분명하게 드러났던 사실이다. 그들은 예가 지닌 도덕규범의 시의성時宜性을 잊은 과오를 범한 셈이다.

그 시대의 예송에 깃든 이 같은 타당시되고 안 될 점도 짚어야겠지만, 이 대목에서 빠뜨리지 말아야 할 것은 조선 특유의 예송이 지녔던 치열한 열도熱度로 보아, 그 원인과 의의를 파악하는 일이다. 그 원인으로는 예송이 본원적으로 유학의 '예치 지향'禮治志向에서 비롯되었다고 하는 이해가 먼저 나올 것이다. 그렇지만 이런 유형의 이해는 보편적, 원론적 해석에 불과하다. 그 원인에 대한 보다 구체적이고 다면적인 파악이 필요하다.

이제까지 학계에서는 예송에 대해 몇 가지 시각의 이해를 제기해 왔다. 그것은 대체로 역사, 사회, 민족성, 그리고 성리학, 곧 철학의 시각에서 나온 이해들이다.

첫째 역사적 이해로, 그 시대 관직官職의 수는 제한되었던 데 비해, 관료 생활만을 생계 수단으로 삼던 양반 지배층의 인구가 증가됨으로 말미암아 생긴 현상이 곧 예송〔朋爭〕이라는 것이다. 17세기가 조선 성립 이후 2세기 반을 넘긴 때고, 양반들이 노동을 기피했음을 상기하면, 이는 일리 있는 견해다. 여기에는 어느 정도 사회적인 이해의 성격도 띠었음이 인정된다.

둘째의 이해는 보다 더 사회적 이해에 속한다. 17세기 중반의 예송은 7년에 걸친 임진왜란(1592~1598)의 상흔이 다 가시기도 전에 두 차례의 호란〔정묘호란(1627), 병자호란(1636)〕을 겪고 난 뒤에 있었던 일이다. 그 전란들은 당시 조선 사회를 피폐할 대로 피폐케 했고, 사민四民(士農工商)은 고사하고 주노主奴로 상징되는 귀천貴賤의 '신분身分 이동'을 크게 가져왔다.

전란의 격동이 정치〔三政〕의 문란, 경제의 퇴락, 농촌 사회의 공동화空洞化, 민란民亂의 발발 등을 더욱 야기하고 심화 또는 가속화했다. 이에 그 시대는 국가, 사회 전체의 '안정책'安定策이 그 어느 시대보다 요구되었다. 도덕과 함께 특히 법의 성향을 띤 예는 바로 이런 시대의 안정화에 기여할 성향을 갖춘 사상이다. 바로 '그 시대의 안정'을 위해, 사대부 지배층은 예의 절대시와 그 실천을 강화하게 되었다는 이해가 그것이다. 이 역시 수긍할 수 있는 이해임이 분명하다.

셋째 이해는 이보다 더 오래된 이해에 속하는 (잊을 수 없는) 일인 어용학자 타카하시 도오루高橋亨의 예송관이다. 그는 앞 장의 '사단 칠정 논변'과 더불어 '예송'을 다 한민족의 민족성 시각에서 이해한다. 그는 이것들을 조선 민족이 본래적으로 지닌 '분열성'分裂性에 기인한다고 주장했다.[14] 이것들을 그는 한민족의 분열성을 나타내는 증거로 삼았다. 이 이해가 타당한지 여부는 필자의 다음과 같은 성찰의 이해를 거치면 저절로 드러날 것이다. 그 타당성에 대한 판단을 잠시 유보한 상태에서 필자의 넷째 이해로 넘어가자.

예송은 겉으로는 정치 현상임에 틀림없지만, 그 이면은 성리학과 밀착되어 있었다. 더욱이 그 시기의 성리학은 통치 원리로 채택된 지 2세기 반이나 지난 시점이다. 그 시기 성리학의 지식과 연구 수준은

위에서 이미 살핀 사단 칠정의 논의와 논변으로 알 수 있듯이, 고도로 농숙, 심화되었고, 그 지식의 응용도 능숙할 대로 능숙해진 상태였다. 그런 까닭에 예송을 파악하는 데도 성리학의 시각이 어느 정도는 적용되어야 한다.

유학은 되풀이하지만, 본래 공자가 "임금(의 이름)이면 (내실이) 임금다워야 하고 신하는 신하다워야 한다……"는 정명론正名論에 기초한 '명분의식'名分意識이 두드러진 사상이다. 그런 터에 성리학은 형식논리적 사변思辨을 구사하는 데 뛰어나, 그 정명 중요시의 성향이 본원유학보다 훨씬 더 심해진 유학이었다. 성리학은 그런 성향에서 도덕적 합리성인 의리義理 추구 정신의 열의까지 드높아진 사상이다.

예학 또한 본래부터 정명 사고 위에서 '도덕적으로 합당한 규범'을 탐구하고 그 실천을 강구하는 학문이다. 이 점은 예 자체를 가리켜 주희가 "인사의 의칙人事之儀則이며 천리의 절문天理之節文이라" 한 것으로 알 수 있다. 예의 도덕적 규범은 단순히 인간이 행할 규칙을 제정한 데 그치지 않고, '천리'라는 보편적인 원리, 곧 내 마음에 간직된 본성과도 일치하는 원리의 문채, 무늬라고 여겨졌다. 따라서 정주성리학자들의 예는 분명히 본성의 발현인 도덕과 같은 것이다. 그것은 도덕과 동실이명에 해당한다.

이처럼 성리학에 뒷받침된 예학에는 합리적인 정명 지향의 '도덕적 명분 탐색' 성향이 철저할 것은 더할 나위 없다. 저 예송은 바로 올바른 원리〔義理〕인 '도덕적 명분에 맞는 합리성'을 추구한 현상으로 이해해야 맞다. 그런 점에서, 예송은 "성리학을 익힌 예학자들이 간직했던

'도덕적 명분의 합리적 사고'를 구체적 정책에 투사한 것"이라고 이해해야 한다. 이것이 예송에 대한 필자의 철학 또는 성리학적 이해다.

이렇게 이해하면, 예송이야말로 당쟁으로서는 합리성 구비의식이 강하다는 의미에서, 매우 '세련된 정치 형태'라는 평가가 절로 나온다. 필자가 예송에 대한 평을 '세련된 정치 형태'라고 하는 그 '세련'洗練 여부는 특히 같은 시대 이웃 나라의 정치 형태와 비교할 때 명백히 확인된다.

그 무렵 중국의 명明은 만주족인 청淸에게 연달아 패퇴하면서도, 정권을 환관宦官들의 농락 속에 빠뜨려 오직 멸망으로 치닫고 있었을 따름이다. 다른 한편 일본의 그 무렵은 에도 시대로서 무사(사무라이)들이 칼로 정권을 좌우하던 행태에 머물렀다. 이들 가운데 어느 나라도 이성으로 합리성을 찾아 정치하는 모습과 기술을 보이지 못했다. 그들의 정치에서 이성적이고 합리적인 정치 형태는 어디에서도 찾아볼 수 없다. 따라서 예송을 가리켜 조선 민족의 분열성을 나타내는 증거라고 하던 일인 타카하시 도오루의 이해는 완전히 틀린 것이다. 그것은 일제 강점기의 한낱 식민지 사관과 맥을 같이하던 '악의에 찬 왜곡'이었음이 분명하다.*

다섯째로, 예송을 이해하는 데 더 생각할 점은 예학과 성리학의 직

* 그 점은 그들이 내세울 다음 이론이 바로 "항상 분열(分裂)만 해서 단합에 의한 자주독립(自主獨立)의 능력이 조선인들에게 없는 까닭에, 일본인들이 조선인들을 이른바 '보호'(保護)해야 한다"는 '식민지 합리화'가 이루어지는 데서 알 수 있다.

접적인 관련 문제다. 이 문제는 조선의 예서禮書 성립과 예학 발달에 관한 연구로부터 제기되었다. 그 연구에 따르면, 고례인 『의례』에 의거했던 남인들과 국제國制인 『경국대전』에 주로 의거한 서인들의 예의식은 각기 다음과 같은 차이가 있다. 곧 서인의 복상론은 왕실의 예〔宮中禮〕를 서민의 예와 동일시한 것으로, 『주자가례』에 입각한 종법 질서의 원칙에 충실한 성격을 띠었다. 그에 비해 남인의 복상론은 왕실의 권위를 격상시키려는 의도, 곧 종통과 왕통을 하나로 하려는 의도에서 그 예를 서민의 예와 다른 예〔別禮〕로 특수화하려 한 성격을 띠었다는 것이다.[15]

이 점에 대해 어느 학자는 서인과 남인의 예의식의 차이를 성리학의 리기설理氣說로 직접 이해하려고 시도했다. 필자가 보기에도 마땅히 감행해야 할 시도라고 여겨진다. 다만 그 방법과 결과가 문제로 될 따름이다.

그 연구에 따르면, 왕실 예와 서민 예를 동일시한 서인의 예의식의 성리학적 배경은 이이의 '리통기국설'理通氣局說 가운데 '리통'理通 사상에 있다는 것이다. 주희는 일찍이 '사물은 리로 보아서는 서로 같고 기로 보아서는 다르다'는 "리동理同 기이氣異"의 명제를 냈다. '리통은 리동'과 서로 상통하므로, 그 학자의 견해는 이런 점에서만은 일단 수긍할 수 있다. 그러나 리동은 리의 실재시 사고에서 나온 사고이고, 그런 점에서 리동의 신념은 이이 계열의 서인들보다 이황 계열의 남인들이 더 가지고 있었던 데에 이 견해가 부정될 소지가 있다.

궁중 예와 서민 예의 균등에 대한 서인들 사고의 리기론적 연원은 이이의 '기 작용氣作用 중요시'에 영향을 준 기대승奇大升의 이론에서 찾는 것이 타당할 것 같다. 기대승은 일찍이 칠정의 기 작용이 중절中節해서 선善을 이룸에는 성인聖人과 일반인(衆人)이 '매한가지임'을, 곧 선한 특성의 사단도 이와 다르지 않음을 역설했다. 이이와 그 계열의 서인은 사단칠정론에서 이 같은 기 작용을 중요시했고, 그리고 성인과 중인의 동일은 왕과 서민의 동일로 환치되므로, 필자의 이러한 판단이 성립한다.

다른 한편, 그 시대 남인에게 있어서 궁중 예와 서민 예의 차별은 주희와 이황의 리 사고에서 찾아야 할 것이다. 그것은 바로 이황이 굳게 믿은 "리귀理貴, 기천氣賤" 또는 "리는 물〔氣〕에 명을 내리되 물에서 명을 받지 않는다"理命物而不命於物는 리기관이 적용되어야 한다는 것이 필자의 견해다.

이처럼 예의식에 성리학의 사고를 적용함에는 주의를 요하는 대목이 많다. 까딱하면 이 작업은 정약용丁若鏞의 말대로 "녹피鹿皮에 가로왈曰 자 쓰기"처럼 되기 쉽다. 그러나 예송이 정쟁의 수단이었음을 감안하면서 그 시대의 사실에 충실하려는 자세로 성리학 사상과 연결고리를 찾으면, 이런 종류의 이해 작업에 가로놓인 난관을 극복하지 못할 리도 없을 것이다.

4

선한 본성과 본심의 집중적 탐구

예서禮書의 출현이 뜸해지고 조정에서 탕평책을 쓰던 18세기에 이르면, 인간의 본질적인 도덕 능력, 곧 도덕을 행할 수 있는 '선한 본성'本然之性과 '본심'本心(心體)*을 탐구하는 데 성리학자들이 열의를 집중한다. 이 시기(18세기) 선한 '본성에 대한 연구'는 구체적으로 인성人性과 물성物性이 서로 같다고 할 수 있나 다르다고 할 수 있나를 다룬 내용이다. 이른바 '인성물성동이론'人性物性同異論이라는 논의가 그것이다.

---

* 이 미발(未發) 심체(心體)의 체(體)는 심(心)의 용(用)인 정(情)에 대립되는 성(性)이나 리(理)의 체(體)가 아니다. 간혹 그렇게 생각해서 이것을 명덕(明德)과 동일시하는 사람이 있는데, 그 성(性)·리(理)·명덕(明德)의 심체는 이후에 논의되는 것이다.

본심에 대한 연구는 인간의 마음이 아직 작용하지 않은 '미발'未發일 때 마음의 본래 상태인 심체心體가 선하기만 한가 선악이 다 있는가를 다룬 내용이다. 이는 '미발심체유선악론'未發心體有善惡論이라 일컬어지는 논의다. 이 논의도 본성 연구와 아울러 진행되었지만, 본성을 논하다가 그것을 지닌 상태의 심까지 논급하게 됨으로써 나온 것이다. 그러므로 '본성 연구'를 먼저 살피기로 한다.

인성·물성의 동이론은 16세기 사단칠정론 이후 새로운 '논변'을 통해 '학파'까지 이루면서 거의 1세기 반 동안 성리학계의 관심을 모은 연구다. 이것 또한 '조선 성리학의 특징' 가운데 하나로 꼽힌다. 이 논의도 18세기 성리학자들의 도덕철학과 연관된 탐구의 색채를 띠고 있음은 말할 나위 없다.

인성·물성의 서로 같고 다름에 대한 견해는 거슬러 올라가면 본원유학에서부터 나왔고, 주희에게서도 찾아진다. 조선에서는 남인 학자인 정시한丁時翰(호 우담愚潭, 1625~1707)이 그의 문인 이식李拭(호 외재畏齋, 1659~1729)과 1700년부터 3년 동안 이 문제로 논변을 했다.[16] 소론계 학자 박세당朴世堂(호 서계西溪, 1629~1703)도 그의 『사변록』思辨錄에서 『맹자』「고자장」의 주희설을 반대하는 형식으로 '인성 물성의 상이'를 주장해 물의를 일으켰다. 노론계의 김창협金昌協(호 농암農巖, 1651~1708)·김창흡金昌翕(호 삼연三淵, 1653~1722) 형제, 그리고 권상유權尙游(호 구계癯溪, 1656~1724)도 각기 이에 대한 견해를 낸 적이 있다.

도덕 문제 자체가 인간이 지닌 선의지의 자율성을 필요로 하고, 성리학의 발달에 따라 사단四端을 재해석하는 것만으로는 만족할 수 없던 데서, 이런 연구가 생겼다고 판단된다. 선한 인성인 '본연의 성'本然之性에 대한 연구 수준이 향상됨에 따라 이 시대(18세기)에 그 전보다 더 철저한 논변적 탐구 형식으로 등장한 것이 곧 이 논의다.

인성·물성의 같고 다름에 대한 논의가 본격적인 논변 형식을 띠고 다루어진 것은 이이와 송시열의 학통을 잇는 권상하權尙夏(호 수암遂庵·한수재寒水齋, 1641~1721)의 문인들에게서 비롯되었다. 권상하에게는 이른바 '황강팔학사'黃江八學士*를 중심으로 한 빼어난 학자들이 많았다. 그 가운데 한원진韓元震(호 남당南塘, 1682~1751)과 이간李柬(호 외암巍巖, 1677~1727)이 각기 인성·물성의 서로 다름과 같음을 주장하면서, 그 주장의 근거를 각각 제시하는 논변을 5년 동안(1709~1714) 진행했다. 이들의 대립된 주장은 곧 그 동학들과 다른 학자들에게 퍼졌고, 그 동학들까지 이 가운데 어느 한 편으로 나누어짐에 따라 드디어 학파를 이루게 되었다.

인성·물성의 서로 다름을 주장한 한원진의 편에는 윤봉구尹鳳九(호 병계屛溪, 1681~1767), 채지홍蔡之洪(호 봉암鳳巖, 1683~1741), 최징후崔徵厚가 들고, 그 같음을 주장한 이간의 편에는 이재李縡(호 도암陶庵, 1680~1746), 박필주朴弼周(호 여호黎湖, 1665~1748), 어유봉魚有鳳(호 기원杞園, 1672~1744),

---

* 8학사(八學士)로는 흔히 한원진(韓元震, 호 南塘), 이간(李柬, 호 巍巖), 윤봉구(尹鳳九, 호 屛溪), 채지홍(蔡之洪, 호 鳳巖), 현상벽(玄尙璧, 호 冠峯), 최징후(崔徵厚, 호 梅峯), 이이근(李頤根, 호 華巖), 성만징(成萬徵, 호 秋潭)을 드는데, 끝에서 두 사람은 일정치 않다. 여기서 황강(黃江)이란 권상하(權尙夏)의 서원이 있던 충북 청풍(淸風)의 황강을 가리킨다.

현상벽玄尙璧(호 관봉冠峯)이 든다.

마침 인성·물성의 다름을 주장한 이들이 대체로 호서湖西 지방에 살았고, 그 같음을 주장한 이들이 이간과 현상벽 빼고는 서울 지역인 낙하洛下에 많았으므로, 이들 학파를 각각 '호파'湖派, '낙파'洛派라 한다. 이런 의미에서 이 논변은 일명 '호락논변'湖洛論辨 또는 '호락논쟁'湖洛論爭이라 불린다. 이 자리에서는 한원진과 이간의 이론만을 학계의 연구 성과[17]를 발판으로 살피겠다.

인성·물성의 동이 문제는 한원진의 오상론五常論에 대한 이간의 비판으로부터 논변 형태로 탐구되기 시작했다. 오상을 문제 삼은 것 자체가 '도덕'道德, 특히 '도덕의 본원'과 연관되는 탐구임을 깨닫게 한다.

한원진은 성性을 논하는 입장을 '초형기'超形氣, '인기질'因氣質, '잡기질'雜氣質 세 가지로 설정하고, 각각의 입장을 택하는 데 따라 인간과 타물(주로 금수)의 성이 세 가지로 말해짐을 밝힌다. 곧 '초형기'의 입장에서 보면, 성은 사실상 태극太極인 리이므로 인간과 타물의 성이 서로 같다. '인기질'로 보면, 성은 오상五常을 가리키므로 인간의 성과 타물의 성이 다르다. '잡기질'로는 선악의 성을 가리키는 만큼, 인간과 인간 사이의 성조차 서로 다르다.[18] 이 주장이 그의 성삼품설性三品說이다. 그는 인간과 금수의 차이에 초점을 두고, 특히 '인기질'로 보는 입장을 택해 '인간과 타물의 성의 다름'을 강조한다. 인간과 타물의 성의 다름이 그의 견해로 된다.

이간에게는 성을 논하는 두 가지 입장이 있다. '일원'一原과 '이체'異體가 그것이다. '일원'은 한원진의 '초형기'와 맞먹는다. 그 일원에 입각한 성은 '본연의 성'本然之性으로, 태극·천명·오상을 가리킨다. '이체'는 한원진의 인기질과 잡기질을 합친 '기질의 성'氣質之性을 말하는 입장이다. 이체에서는 그도 인간과 타물의 성이 서로 다름을 인정하지만, 그는 일원의 입장에서 인간과 타물의 성이 서로 같음을 주장한다. 천명의 본연성에 주목하는 그에 있어, 인간과 타물의 성이 같다는 것이 그의 견해다.[19]

이들의 주장에는 다 수긍될 만한 근거가 있다. 그 근거는 대체로 아래와 같다. 누차 언급했듯이, 맹자는 '도덕의 정'인 사단四端으로 드러나는 본성, 곧 인의예지仁義禮智를 금수에 없는 인간만의 성이라 했다. 맹자에게서 이 '선한 본성'善性들은 인간을 금수와 구별 짓는 인간만이 소유〔固有〕한 성이다. 만일 "이것을 소유하지 않았다면 그것은 인간이 아니다"라고 한 그의 단언에서 이 점이 확인된다.[20] 인간의 성인 점에서 이를 중심으로 한 오상은 성리학에서 인간 '본연의 성'本然之性이라 했다. 한원진의 주장은 바로 이런 배경에서 나온 것이다.

한편 『중용』에서는 모든 개체가 지닌 본성의 유래를 "하늘의 명, 천명天命"으로 표현했다. 인간을 포함한 만물의 본성은 하늘로부터 각기 얻음〔各得〕으로써 지니게 된〔天命之謂性〕 것이다. 애당초 하늘로부터 본성을 얻음에는 인간과 타물이 다 마찬가지다. 이것만으로도 인간과 타물의 성은 서로 같다고 하게 된다. 그런 터에 정주성리학에 이르러 그 '하늘'天과 '명'命은 다 태극太極과 같은 '리理'로 이해되고, 리와 성은 또 동일시〔性卽理〕되었다. 이 사고는 천天 천명마저 오상과 마찬가지의 '본연의 성'으로 간주하게 했다. 인간과 타물의 성이 근본적으로 다르지 않다는 이간의 견해는 바로 이 같은 맥락에 근거한다.

선한 도덕적 행동이 인간 본연의 성, 곧 본성에 말미암는다는 이들의 사고는 (앞서 언급한 대로) '마음의 본체'心體, 곧 '발하지 않은 마음'未發心이 선한가 그렇지 않은가를 캐는 연구로 이행되었다. 이른바 '미발심체유선악'未發心體有善惡 연구가 그것이다. '마음의 본체'를 다루는 것이므로, 필자는 이를 '본마음'本心에 대한 연구라고도 부른다. 다만 마음의 본체가 곧 명덕明德인 점에서 이것은 더러 명덕의 선악 문제로 언급됨을 본다.

미발 때의 본심의 선악 문제는 '심'心을 어떻게 규정하는가와 관련된다. 정주 이후 심은 구조에 있어 "리와 기의 합"理氣之合으로 규정된다.* 심의 작용은 기에 의한 것이고, 그 작용의 원인은 리로 말미암는다고 해서 이렇게 규정된다. 이간과 한원진은 다 이 규정을 따른다. 다만 리와 기 가운데 역점을 어디에 두는가에 따라 견해가 서로 달라질 따름이다.

이간의 견해는 본성의 본구로는 인간과 타물에 차이가 없지만, 그것을 발현하는 정도에 차이가 있다. 그 발현을 담당한 것이 심이기 때문이다. 그는 심의 작용으로 인간과 타물에 서로 차이가 생긴다고 한다. 이간은 심을 발해서 작용할 때와 하지 않을 때를 각각 '기질지심'氣

---

* 정주학자일지라도 경우에 따라 이이(李珥)에서 보듯이 그 작용의 측면에서는 "심은 기(心是氣)라"고 한다. 그러나 그들에게 있어서도 심(心)은 구조상으로 "리와 기의 합"(理氣之合)임을 인정한다.

質之心과 '본연지심'本然之心이라는 표현으로 구분한다.

그에 있어, 작용하지 않을 때의 '본연의 심'은 본연의 성인 명덕明德 본체本體를 지닌 심이다. 이것은 기가 작용치 않은 미발·부동〔寂然不動〕의 심이어서, 악은 (가능성마저) 전혀 없다. "본심은 오로지 순청지수純淸至粹하고 기울거나 치우치지 않은〔不偏不倚〕 중체中體, 곧 선일 따름"[21]이다. 이것이 이간의 이른바 미발심체순선설未發心體純善說의 내용이다.

한원진은 미발의 본심, 곧 심체心體가 허령하고 담연청수湛然淸粹해서 순선하다고 함을 부정하지 않는다. 그러나 기능을 하는 심은 기 또는 기질氣質로 이루어진 만큼, 그는 '심의 기질'로 말하면 미발 때일지라도 선악이 함께 있다고 생각한다.[22] 이것이 한원진이 주장한 심의 '미발기질유선악설'未發氣質有善惡說이다.

기질을 고려에 넣지 않은 본심, 곧 심체에 대해서는 이간이나 한원진이나 다 같이 선이라 생각했다. 이것은 바꿔 말해 본연의 성을 선으로 간주한 사유를 확인한 것에 해당한다. 본연의 성에 대해 심체라는 명칭으로 되뇜은 그만큼 '본성의 선善', 곧 도덕성에 대한 중요시라 할 수 있다. 그런 까닭에 이들의 심체 또는 미발 심未發之心인 본심의 논의는 자연히 본성本性을 (도덕성의 의미를 더 내포한) '명덕'明德의 이름으로 이해하는 길로 통한다. 이들의 심성 논의 이후, 마치 이들의 영향처럼 '선의 문제'가 '심의 명덕' 용어로 논의된 것 또한 도덕의 시각에서 이루어진 현상이다.

5

인성물성론의 도덕적·현실적 함의

인성과 물성의 동이 문제를 논한 한원진과 이간의 견해가 왜 서로 달라졌는지 이제 그 원인을 찾아야겠다. 돌이켜 보면, 이들에게는 이 문제에 임한 '입장' (또는 관점)이 있었다. 초형기超形氣 또는 일원一原이라는 초감각의 근원적 입장과 인기질因氣質 또는 이체異體라는 감각되는 구체적 입장이 그것이다.

두 학자는 다 초형기와 일원에서 문제를 논하거나 또는 다 함께 인기질과 이체에 입각해서 논했으면, 서로 견해의 차이는 생기지 않았다. 앞의 입장에 서면 둘이 다 인성·물성의 상동相同 견해에 이르고, 뒤 입장을 택하면 둘이 다 그 상이相異 견해에 이른다. 입장을 같이 택했더라면, 서로 견해가 달라지지 않았을 것이 분명하다. 서로 견해의 차이가 생긴 원인에는 '입장의 다름'別異이 있었음을 알 수 있다. 견해

차의 원인은 이간이 초감각적인 일원을 그의 입장으로 택했고, 한원진이 감지되는 인기질의 입장에 섰던 데에 있다.

그 다음 원인으로는 이들이 다 '성'性, 특히 '본연의 성'을 말했지만, 의미를 서로 다르게 사용했음을 들 수 있다. 한원진이 언급한 성은 본연의 성일지라도 "리가 기 또는 기질에 들어 있는 성"인 '오상'을 의미한다. 이에 비해 이간의 본연의 성은 일원一原의 리인 '천명', '태극'을 주로 가리키는 성이다. 그의 본연의 성은 실제 의미로는 기질 속의 오상이 아니다. 이처럼 두 견해의 차이는 성의 의미 차이에도 그 원인이 있다.

이간과 한원진은 다 본원 유학, 특히 '본원 유학의 경전經典'을 빌려 자신의 견해를 확고히 했다. 그런데 그들에게 각기 확신을 준 본원 유학의 경전은 서로 같은 한 종류가 아니었음을 발견하게 된다. 한원진의 견해를 뒷받침한 경전은 『맹자』였지만, 이간의 견해에는 『중용』(특히 朱熹의 註)이 그 근거로 이용되었다. 본원 유학 경전의 권위를 이들이 제각기 자기 위주로 이용했던 데에도 그 원인이 있었다.

그들에게서 이것들보다 더 주목해야 할 것은 '본연의 성'이라는 용어에 함축된 의미 영역과 그 사유 자체의 차이다. 이 점도 필자가 이미 발표했지만,[23] 되풀이하면 그 내용은 이렇다.

본연의 성은 '본질적 성'本質的性과 아울러 '본래적 성'本來的性이라는 두 의미를 다 갖는다. 본질적 성의 의미는 인간이면 인간만이 갖는 '독자의 성'을 가리키고, 본래적 성의 의미는 인간과 타물의 분화가 이루어지기 이전 태초에 지닌 '공통의 성'을 가리킨다. '본연의 성'이라는 용어에 내포된 이들 두 의미는 실상 함께 양립할 수 없는 관계다. 이 양립 불가의 특성이 곧 인성·물성의 동이 논변에서 '논의의 합의'를 볼 수 없게 했던 근본 원인이기도 하다.

그러나 인간과 타물과의 '실상'實狀은 아이러니하게도 '서로 반대되는 두 성질'인 같은 점과 다른 점을 다 함께 가지고 있다. 이 사실에 유의하면, 우리는 한원진과 이간 두 학자가 보인 견해 차이의 원인을 색출하는 데만 한없이 눈을 팔지 않게 된다.

필자는 그 원인보다도, 본연성에 입각한 그들의 '도덕 근원 탐구'가 마침내 극한極限 또는 '극지'極地에까지 도달했음에 주목하게 된다. 두 학자로 대표되는 호락湖洛의 학자들이 선악의 도덕 원천을 탐지하기 위해 심체인 본성과 명덕이라는 '마음의 극점'을 반성했던 한편, '우주 만물의 태초'로 거슬러 올라가는 '사유의 극한'을 더듬었음은 이 논의의 또 하나의 특징이다. 다른 나라의 성리학에서 인성과 물성의 같고 다름에 대한 논의가 이토록 진지하고 극렬히 진전된 사실은 없다. 인성·물성의 동이 논변도 한국 성리학의 특수성 가운데 드는 연구물이라고 한 필자의 판단이 빗나가지 않았음을 여기서 확인하게 된다.*

그 특수성을 이루는 논변에 내포된 '도덕적 함의'를 읽어 내기로 한다. 필자는 미발일 때의 심체인 본성을 찾던지, 혹은 우주의 태초를 거

* 이 논변을 해명하기 위해, 주희(朱熹)의 성리학 용어들의 쓰임새를 담은 『주자언론동이고』(朱子言論同異攷)를 송시열(宋時烈)이 시작한 뒤 한원진(韓元震) 등이 50여 년에 걸쳐 완성했음도 한국 성리학의 기념비적 자랑에 든다.

스르면서까지 그 심체라는 본성의 본원을 찾던지, 고찰의 방향은 달라도 그것들이 다 마음에 본구한 선한 도덕 성향을 찾았던 점에서 일치함에 먼저 주목한다. 이 점에 주목하면, 인성·물성의 동이 논변이 지니는 함의는 바로 선험적 본성에 의한 도덕 성립론인 일종의 덕성윤리설德性倫理說 성립에 대한 탐색이라는 특징 속에서 찾아진다. 덕성윤리설 탐색이 양극으로 치달은 이 점은 그 이론의 '한계점에 도달한 양상'이 아닐까 한다. 사단의 성 또는 천명의 성이라는 명칭으로 출발한 "본성의 발현으로 도덕이 성립한다"는 그 발상의 원천적인 탐구는 인성·물성의 동이론, 미발유선악론을 극점으로 해서 그 한계에 이른 셈이라는 것이 필자의 판단이다. 덕성 윤리의 본원 탐색을 이토록 치열하게 한 연구물의 유례가 또 있다고 하더라도, 호락湖洛의 '학파'라는 집단을 이루면서 탐구한 실례를 동아東亞에서는 일찍이 찾아볼 수 없다. 이는 한국 성리학이 이룩한 도덕철학의 또 하나의 자랑거리에 든다고 해 지나침이 없다.

인성·물성의 연구에 대한 '현실적 이해'도 문제다. 그 연구의 현실적 이해로는 아래와 같은 것을 들 수 있다. 이제까지 학계에서는 인성·물성의 상이론을 호란胡亂 이후에 나온 북벌론北伐論에 깃든 의식, 곧 북쪽 오랑캐〔北狄〕로 얕보던 만주족, 청에 대한 반감의 비유적 표출이 아닐까 하고 추측했다. 그 반감의 표출로 해서 인성·물성의 상동론은 자연히 상이론의 은유성에 수반된 이론이라고 추측하는 이해가 있어 왔다.

또 하나의 현실적 이해는 이간 설로 대표되는 낙론洛論과 한원진 설로 대표되는 호론湖論을 각기 도시(서울)와 지방(농촌)의 생활 분위기에서 생긴 특징이라고 짚는 이해다. 곧 낙파의 인성·물성 상동론은 중인층 양민에 대한 양반 지배층의 포용을 드러내는 데 비해, 호파의 상이론은 북벌 기치에 함재된 배청排清 의지의 표출이라는 것이 그 이해다.

그러나 두 이해 다 수긍되기 어려운 점이 발견된다. 왜냐면, 이 시대에 청은 이미 북벌의 대상으로는 포기된 지 오래였고, 이 연구에 참여한 대표적인 학자의 거주지가 도시와 지방으로 확연히 양분되어 있지 않았기 때문이다.

필자는 이 논변을 이해하기 위해서는 먼저 다음 몇 가지를 고려해야 한다고 생각한다. 첫째 호론계, 낙론계가 다 '노론老論 집권층'이라는 것, 둘째 집권층의 이론은 대체로 대립되더라도 다 기저의식에서는 '집권'執權 또는 '그 연장을 위한 방향'으로 작성된다는 것, 셋째 특히 집권을 위한 '지능적 합리화의 명분론'일수록 자기 당의 독자적인 노선 표방과 아울러 반대 당의 노선 표방까지 다 융합하는 이론을 잘 구사한다는 특징이 그것이다.

이와 같은 시각으로 판단하면, 호론계의 인성·물성 상이론은 '북벌로 이어지는 명분'을 갖고, 낙론계의 그 상동론은 북벌이 이미 불가능해진 '청과 실질적인 친화의 명분'을 갖는다. 그 결과 이 둘은 마침내 남인계를 물리치고 노론이 정권을 독점하는 데 다 함께 기여할 영향력을 마치 '한 칼의 두 날'처럼 발휘했다는 이해가 성립한다. 이것이 역사적 사실과도 부합하는 그 논의의 실제 현실적 이해라고 필자는 판단한다. 이런 이해가 성립하고 보면, 17~18세기 중기의 '예치'禮治는 한낱 복상 문제를 둘러싼 예송 형식의 통치에 한정되지 않고, 보다 넓은 범위의 내치와 외교에까지 걸친 것으로 자리매김될 것이다. 조선 성리학자들의 예치는 결코 예송 정도로 옹색하기만 하지 않았음에 유의해야 한다.

주

1 鄭逑, 『五先生禮說分類』, 「序」.

2 앞 책, 같은 곳.

3 李縡, 『四禮便覽』, 「跋」(趙寅永).

4 玄相允, 『朝鮮儒學史』(민중서관, 1948), 제9장 3절 禮訟.

5 『朝鮮王朝實錄』(36), 『顯宗實錄』(1) 권2, 元年庚子 4月庚子, 「禮曹啓」.

6 앞 책, 『顯宗實錄』 권2, 元年庚子 3月丙子 「左贊成宋浚吉疏」.

7 『朝鮮王朝實錄』(36), 『顯宗實錄』(1) 권2, 元年庚子 3月甲午, 「掌令許穆疏」 및 許穆, 『記言』, 『年譜』 권1, 顯宗大王 元年, 庚子, 「又上疏進喪服圖」.

8 『朝鮮王朝實錄』(36), 『顯宗實錄』(1) 권2, 元年庚子 3月戊申.

9 앞 책, 『顯宗實錄』(1) 권2, 元年庚子 4月壬寅, 「護軍尹善道上疏」.

10 앞 책, 『顯宗實錄』(2), 15年甲寅 7月戊辰.

11 앞 책, 『顯宗實錄』(2), 15年甲寅 7月乙亥.

12 앞과 같음.

13 앞과 같음.

14 이것은 일찍이 「'高橋亨 韓國儒學觀' 검토」, 『韓國學』 12집(중앙대학교 한국학연구소, 1976. 12)에서 상세히 밝혔다.

15 高英津, 「16세기말 四禮書의 成立과 禮學의 發達」, 『韓國文化』 제12집(1991), 447쪽.

16 丁時翰, 『愚潭集』, 「年譜」, 壬午78歲條.

17 윤사순, 「人性物性의 同異論辨에 대한 研究」, 『哲學』 18(한국철학회, 1982); 이애희, 「朝鮮後期 人性·物性 論爭의 研究」(고려대학교 철학과 박사학위 논문, 1990); 문석윤, 「朝鮮 後期 湖洛論辨의 成立史 研究」(서울대학교 철학과 박사학위 논문, 1995); 전인식, 「李柬과 韓元震의 未發·五常 論辨 研究」(정문연 박사학위 논문, 1999); 조성산, 「朝鮮後期 洛論系 學風의 形成과 經世論 研究」(고려대학교 사학과 박사학위 논문,

2003); 김태년, 「南塘 韓元震의 '正學' 形成에 대한 硏究」(고려대학교 철학과 박사학위 논문, 2006).

18 韓元震, 『南塘集』 권11, 「擬答李公擧」.

19 李柬, 『巍巖集』 권7, 「答韓德昭, 別紙」.

20 『孟子』, 「告子篇」.

21 李柬, 『巍巖集』 권4, 「附遂庵先生別紙」.

22 崔英成, 『韓國儒學思想史』 4(아세아문화사, 2004), 32쪽.

23 윤사순, 「人性物性의 同異論辨에 대한 硏究」, 『哲學』 18(한국철학회, 1982).

4장

실학 속의 윤리관

I

성리학에서 실학으로

18~19세기 정주학계의 동향만 하더라도 오직 인성물성동이에 관한 연구만 있지는 않았다. 그 문제나 도덕관과 연관되는 리기론도 괄목할 만큼 탐구되었다. 그 가운데 특히 임성주任聖周(호 녹문鹿門, 1711~1788)의 '기설'氣說과 기정진奇正鎭(호 노사蘆沙, 1798~1879)의 '리설'理說은 각각 유기설唯氣說과 유리설唯理說이라고 할 수 있듯이, 리와 기 어느 한쪽에 지극히 편향한 특징을 지닌다. 기정진의 리설은 어느 나라 성리학에서도 그 유례를 찾을 수 없을 정도로 리 측에 지극히 편향된 이론이다. 리 하나로 모든 것을 설명하려는 그 '유리설적 이론'은 조선 성리학에 담긴 매우 독특한 철학이다.

반주자학의 성향을 띤 육왕학陸王學도 17~18세기에 뿌리를 내려, 정제두鄭齊斗(호 하곡霞谷, 1649~1736) 같은 걸출한 학자를 냈다. 실상 정제두의 업적으로 한국의 육왕학, 특히 양명학은 나름대로 발전한 모습을 보인다.[1] 서학西學도 이 무렵에는 천주교가 그 학문적 호기심에서 벗어나 종교로서 교세를 불리는 한편, 천문 · 역산 · 지리를 비롯한 근대 서구 과학의 통로 역할을 해 그 영향을 상당히 끼치고 있었다.

무엇보다 17세기 초에 대두한 탈성리학 성격의 '실학'實學 또한 새로운 사상으로 18세기에는 어느덧 그 숙성 단계에 이른 상태였다. 실학이라는 어휘를 띄우면 어떤 이들은 어리둥절해 한다. 일찍이 성리학자들도 성리학을 가리켜 실학이라고 했고, 그 성리학에서 벗어나려고 일으킨 유학인 실학도 있기 때문이다. 정도전, 이황, 이이, 윤증尹拯 등 성리학자들도 자신의 유학인 성리학을 실학이라 했던 데 비해, 이수광 · 유형원 · 박세당 · 홍대용 · 박지원 · 최한기 등도 다 성리학 비판 정신에서 이룬 자신의 유학을 실학이라 했다.[2] 필자가 지금 언급하는 실학은 17세기 이후 성리학에 대립하는 성향으로 발흥해서 19세기까지 이어 간 조선 '후기 실학'後期實學을 가리킨다.

조선 후기에 등장한 실학이 성리학과 어떻게 서로 변별되는가는 약간의 설명을 요한다. 그 설명으로 먼저 언급할 것은 성리학자와 후기 실학자가 사용하는 '실학'이라는 용어는 같지만 그 (용어의) 의미 내용이 서로 같지 않은 점이다.[3] 그 의미의 차이는 다음과 같다.

성리학자들은 그 앞의 '불교를 헛된 빈 학문', 곧 허학虛學으로 여겨 그에 대비된 성리학을 실학이라고 자칭했다. 그러나 조선 후기의 실학자들은 바로 '성리학을 비실제적인 학문'으로 여겨, 그에 비교된 자신들의 학문을 실학이라 한다. 같은 실학 용어라도 '허학'으로 비교된 대상이 이처럼 다르기 때문에 그 성격과 내용도 서로 다르다. 성리학마저 비실제시하는 점에서 후기 실학이 갖춘 '실제성實際性의 농도'가 성리학의 실제성보다 더 두드러진다.

실학 용어가 내포한 실제성의 농도 차이는 후기 실학이 발흥한 정황에서 확인된다. 이수광李睟光(호 지봉芝峯, 1563~1628)을 비롯한 유형원柳馨遠(호 반계磻溪, 1622~1673), 이익李瀷(호 성호星湖, 1681~1763), 박세당朴世堂(호 서계西溪, 1629~1703), 박지원朴趾源(호 연암燕巖, 1737~1805), 박제가朴齊家(호 초정楚亭, 1750~1805), 홍대용洪大容(호 담헌湛軒, 1731~1783)만 보더라도, 이들은 성리학이 지닌 현실 극복 수단에 만족하지 못한다. 이들은 양반 지배층 본위로 이루어진 성리학 풍토의 각종 제도와 기구 및 기물을 중심으로 한 생활 방법을 개선, 개조하는 '개혁안'을 적극 모색하면서, 성리학의 '학문 방법'에 대해서도 새로운 변혁을 가져온다.

이들의 개혁설이 곧 실학의 '경세설'經世說을 이루는 측면이고, 그런 점에서 중요시되어 이제까지 많이 밝혀진 부면이다. 원래 학문 방법에 대한 변이 모색은 그 기본 '정신과 철학'을 이루는 점에서 주목을 끄는 측면이다.[4] 후기 실학자들은 성리학자들이 '잡학'雜學이라고 경시하던 '박학'博學을 도리어 중요시하고, 그들의 학문 방법으로 삼아 실천하는 데 앞장선다. 박학의 방법을 구사하는 실학자들의 학문 경향이 결국 성리학보다 실제적인 '지식의 범위 확장'知識擴張 풍조를 선도한다.

이수광은 성리학자들이 기피하던 '박학'을 오히려 본원 유학에서도 권장했던 학문 방법임을 상기시키면서, 자신도 그 박학 경향을 따르고 있음을 떳떳이 밝힌다.

> "허국許國의 「논학서」論學書에는 '학문은 의리義理의 변에 앞서는 것이 없다……. 무릇 박博에 힘씀은 남을 위하는 것〔爲人〕인데, 남을 위함은 곧 이利다'라 했다. (그렇지만) 나는 이렇게 말하겠다. 전傳에는 '박학博學해서 상설詳說한다' 했고, '박학하고 심문審問한다'고도 했다. 박학이란 자신을 위하게 하는 것〔爲己〕이지 남을 위함이 아니다. 지금 박학으로써 남을 위함이라 한다면, 아마도 옳은 주장〔的論〕이 아닐 것이다."[5]

성리학자들은 학문을 '자신을 위한 학문'爲己之學과 '남을 위한 학문'爲人之學으로 구분한다. 그들은 특히 수양을 바탕으로 한 도덕 행위를 위해 '바른 원리'義理 캐는 것이 자신을 위한 학문이고, 박학 같은 것은 이윤 추구 성격이나 띤다면서 남을 위한 학문에 해당시켰다. 그들은 수양과 도덕 원리를 탐구하는 것만이 (이윤과 상관없이) 나 자신을 위하는 학문이라고 주장하면서 그것들에 깊이 탐닉했다.

그러나 이수광으로서는 성리학의 그 태도가 마땅치 않아 지금 "박학도 나 자신을 위하는 학문"이라고 주장한다. 그 주장에 권위를 싣기 위해, 그는 자신의 견해가 정주학보다 더 상위에 있는 본원 유학에 근거했음을 지적하고 있다. 사실 『중용』에서는 학문의 방법으로 "박학博學, 심문審問, 신사愼思, 명변明辯, 독행篤行"을 들어, 이 방법들을 빠뜨리지 말고 다 구사해야 함을 논했기 때문이다.

학문 방법 가운데 박학을 중요시하는 경향에서 나온 저술이 다름 아닌 이수광의 백과전서류인 『지봉유설』芝峯類說이다. 그리고 후기 실학자로 꼽히는 유형원의 『반계수록』磻溪隧錄도 성격은 다르지만 박학의 산물이고, 이익의 『성호사설』星湖僿說, 박지원의 『열하일기』熱河日記, 박제가의 『북학의』北學議, 정약용丁若鏞(호 다산茶山, 1762~1836)의 일표이서(『경세유표』經世遺表, 『목민심서』牧民心書, 『흠흠신서』欽欽新書)와 유학 경전의 주해, 이규경李圭景(호 오주五洲, 1788~?)의 『오주연문장전산고』五洲衍文長箋散攷가 다 그러한 실례다.

박학을 중요시하거나 그 방법을 구사하는 것만이 성리학과 실학(후기 실학을 실학이라 약칭하겠음)을 반드시 분별할 기준은 되지 않는다. 이 방법은 성리학자 가운데서도 중요시하고 응용한 학자가 있기 때문이다.* 그러나 성리학자들의 일반적 학문 경향은 도덕 원리인 '의리義理의 추구'만을 최상으로 여긴 나머지, 박학을 '잡학雜學으로 치부'해 소홀히 한 것도 사실이다. 성리학자들의 그런 태도가 그들의 지식과 사유를 매우 옹색하게 만들었던 것 또한 부정할 수 없는 실상이었다. 따라서 성리학의 경향에 반발해 박학을 새롭게 강조하고 실제로 그것을 구사함은 '지식의 다면적 확장'이라는 의의를 지닌 현상이라고 이해할 수 있다. 뿐 아니라 그 현상이 결국 성리학과 실학을 '분별하게 하는 기준'의 하나로 된다.

실학자들은 애당초 성리학자들의 '실제성 추구 의식'을 미약하다고

---

* 예를 들면, 『유원총보』(類苑叢寶)의 편자인 김육(金堉, 1580~1658) 같은 학자가 대표적이다.

여겼다. 이 점이 실학자들의 전반적인 사유 경향이다. 성리학자들은 그들 나름으로 성리학의 도덕 중요시 측면 등을 실제적이라고 생각해, 스스로 성리학을 실학이라고 일컬었지만, 그러한 성리학과 성리학의 풍토에 실학자들로서는 만족할 수 없었다. 이에 실학자들은 성리학보다 더 실제성實際性이 풍부한 사유와 학문을 추구했다.

그런 의지에서 실학자들은 '학문의 방법론 전환'을 또 꾀했던 것이다. 다만 성리학, 특히 정주성리학의 권위는 통치 원리였던 까닭에 함부로 그에 대한 불만을 토로하기 힘들었던 데에 그들로서는 곤란한 점이 있었다.* 학문 방법의 측면일지라도 정주성리학에 함부로 불만을 토로할 수가 없던 것이 그 시대의 여건이었다. 이에 그들은 정주보다 권위가 더 있던 공자와 맹자 등의 '본원 유학'本源儒學에 의지해 성리학 비판의 의지를 실행했다.

실학자들은 공맹 등의 본원 유학이 지닌 '실제성 중요시 정신의 회복'을 내세웠다. 이 경향은 박세당을 비롯해 공맹학, 곧 수사학洙泗學을 표방하는 정약용에게서 분명하게 나타난다. 박세당의 예만 들겠다.

"전傳에는 '멀리 가는 것은 반드시 가까운 데서부터 비롯한다'고 했다……. 그러므로 이른바 깊은 곳도 얕은 곳에서부터 들어가는 것이다……. 오늘날

* 뒤에서 또 언급하겠지만, 이 시기에 경전(經典) 주해(註解)에서 정주설(程朱說)에 어긋나는 이론을 내놓았던 윤휴(尹鑴, 1617~1680)와 박세당(朴世堂, 1629~1703)은 사문난적(斯文亂賊)으로 몰려 목숨을 잃었다. 그 정도로 정주학의 권위는 대단했다.

육경에서 구하는 것은 거의가 다 얕고 가까움〔淺近〕을 뛰어넘어 깊고 먼 데〔深遠〕로 달린다. 그 성기고 간략한 것〔粗略〕을 경솔히 하고서는 세밀하고 구비됨〔精備〕을 얻지 못할 뿐 아니라, 그 얕고 가깝고 성기고 간략한 것까지 다 잃는다."[7]

"선비의 길〔君子之道〕은 마치 먼 길 감〔行遠〕과 같아서 반드시 가까운 데서부터 행하는 것이다." 이 글귀는 『중용』에 나오는 것이다. 박세당은 이 글귀를 상기시켜 그 시대 정주학자들의 학풍을 비판한다.

그 시대 정주성리학자들은 『중용』과 『대학』을 처음 배우는 학동들에게도 대단히 깨닫기 어려운 이론을 가르쳐야 하는 듯이 생각했고, 실제로 정주의 그런 철학을 가르쳤다. 예를 들어 '사물에 대한 공부'인 '격물'格物을 가르칠 때, 그들은 심心과 성誠과 실實의 태도 위에서 "사물의 이치를 궁구해서 (들어가) 그 지극한 곳에 이르지 않음이 없는 것"이라 하면서, 이와 관련되는 태극·리기설 등까지 가르쳤다.

박세당은 이러한 성리학자들의 교육과 학문 방법이 공자의 "일상적인 아래 것을 먼저 배우고 나서 그 위의 난해한 학문에 도달하도록 하라"는 이른바 '하학이상달'下學而上達의 정신에 어긋나는 것으로 보았다. 그는 초학에게는 일상적 학문, 하학下學부터 가르쳐야 한다고 생각했다. 그런 점에서 그는 『중용』, 『대학』 등에 담긴 정주의 심오하고 난해한 해석을 버리거나 바로잡으려 했다. '본원 유학의 실제성 중요시 정신'을 회복해야 한다는 그의 주장은 바로 이러한 것을 가리키는 발언이다.

이수광, 박세당 등이 강조한 '본원 유학 정신의 회복'은 단순한 본원 유학의 복귀만을 의미하지 않는다. 그들의 주장에는 실학자들이 실제성을 강조하는 학문 '기반의 구축' 의도가 있었다. 거기에는 아울러 정주학 비판을 통한 정주학 극복에 대한 정주학자들의 반격을 예상하고 낸 그 '방어의식'이 잠재한다.

이 점을 되풀이하는 까닭은 유학사에서 새로운 유학을 생성하는 데는 언제나 공맹의 본원 유학 회복을 빙자하는 태도가 상례로 되었기 때문이다. 한당漢唐 훈고학이 대두할 때도 그러했고, 당말唐末·송대宋代 성리학의 등장 시기에도 그러했으며, 이 무렵 청淸에서 고증학과 실학이 발흥하던 경우도 예외가 아니었다.

실학자들의 학문 방법의 전환은 마침내 '경학'經學을 중심으로 한 '정주학 이탈'의 현상까지 뚜렷이 가져온다. 그 현상은 실학에 이른바 '탈정주학의 내용'(철학)을 구축하는 요인이 된다. 그 시대는 정주성리학에 반발하는 태도에는 가차 없이 사문난적斯文亂賊의 낙인을 찍어 매장시키던 정주성리학의 권위가 절대적인 시대였다. 그런 여건 때문에 실학자들은 정주학을 정면으로 비판하는 태도보다는 경전 주해라는 간접 통로에서 '정주의 해석에 의문'을 보이거나 '이견異見을 제시·교정'하는 방식을 택한 것이 대부분이다.

이익李瀷은 소극적으로나마 정주의 경학에 맹종치 않고 의문을 던지는 모습을 그의 『질서』疾書에 담는다. 윤휴와 박세당은 자신들의 견해로 정주의 경전 주해에 '수정을 감행'하는 좀 더 적극적인 태도를 취한 끝에 결국 목숨까지 잃는다. 그 정주의 경학經學에 반기를 든 현상은 홍대용을 거친 정약용에서 마침내 정점을 이룬다. 이들의 경학에 의해 실학은 마침내 철학 차원에서 성리학과 확연히 변별되는 '독특한 학설'을 갖추게 된다. 실학에 담긴 '도덕철학'은 바로 이렇게 이루어진 이들의 경학설 속에서 주로 찾아진다.

2

실학이 추구한 실제성의 내용

실학과 성리학은 주요 특성만으로도 크게 변별된다. 정도전에서 보았듯이, 성리학은 '현실 사회 생활을 경시'하는 듯이 보이는 불교의 성향을 가장 큰 약점으로 파악해 그것을 극복하려는 의지를 드러냈다. 성리학자들은 불교의 도덕 경시 성향을 한유韓愈 이래 '무부'無父, '무군'無君으로 여겨, "도덕을 파괴함으로써 가정과 국가를 파멸로 이끄는 사상" 이라고 지탄하며, 그 대신 '예'와 '도덕'을 특별히 강화한 성리학을 이룩했다. 그런 경향에서 성리학은 마침내 '예'禮를 절대시하고 '도덕'道德을 마치 인생의 가치 가운데 으뜸으로 여기는 것 같은 특징을 띠게 되었다.

반면, 실학은 성리학의 '현실 극복력'마저 미약하다고 판단해 정치·경제 측면의 적극적인 개혁 의지에서 출발한 학문이다. 그런 특성으로 해서 실학자들은 예로 드러나는 도덕을 결코 경시하지 않았지만, 성리학자들만큼 그것들을 절대시하거나 최고의 가치로 여기지 않았다.

사실 사회 질서를 위한 '예'禮는 철저한 실천을 역설할수록 그 본래 지닌 형식성形式性으로 말미암아 오히려 '인간성을 구속'하고 '사회를 경화'한다. 17세기 이후의 조선 사회는 예 절대시 사조로 해서 관민, 주노, 남녀, 사민 등의 신분 차별이 날로 엄격해진 나머지, 그 사회 발전의 탄력을 잃고 있었다. 17~18세기 초의 조선 사회는 실로 발전 가능성보다 침체의 나락으로 빠질 가능성에 직면했던 시대였다.

실학자들은 바로 형식에 치중되어 가던 예학 시대의 '민생 구속성'과 '사회 경직성'을 정주성리학이 빚어내는 '비실제·비실용적 성향'으로 진단하고 그 풍토를 개혁하려 했다. 그들은 도탄에 빠진 '민생'民生을 구하고 쇠약해진 '국가를 부강화富國化' 할 길을 무엇보다도 가장 먼저 찾았다. 그 의지에 따라 실학은 경제적인 후생厚生에 기초한 부강국富强國의 성취를 통해, '위민 정치의 실제성'을 추구하는 성격이 학문의 특성으로 자리 잡는다.

실학의 특성은 실상 18, 19세기로 내려갈수록 그 '학문 대상'으로 삼는 범위가 확대되는 사실에서 확인된다. 반면 정주성리학자들은 후기로 갈수록 경전 암송과 정주 해석을 충실히 따르면서 수양과 예를 철저히 실천하는 것에서 그칠 뿐, 국가와 민생을 위한 특별한 개선책을 내지 못한다. '실학 용어의 구사' 실례로 이 차이점이 입증된다.

실학 용어를 별로 사용하지 않은 이황이어서, 그에게서는 그 용어가 겨우 간접적으로 사용되고 있을 따름이다. 그의 실학 의미는 실상, "성인이 지은 경서〔聖經〕와 현인이 낸 책〔賢傳〕의 내용들"과 (주희의) "집주集註의 모든 이론"에 해당한다.[8] 이황에게 있어 '실'實한 것으로 생각되는 '실의 내용'은 대체로 '리'理다. 성리학을 그는 바꿔 말해 '성인지학'聖人之學이라는 의미의 "성학"聖學이라 하고, 또는 "의리지학"義理之學, "이학"理學이라 부르는데, 이 명칭에 담긴 의미 내용이 곧 성현의 가르침인 "의리 또는 리가 곧 실하다"는 것이다. 따라서 유학의 경전에 담긴 내용이면 다 실학이고, 그렇게 실학이게끔 하는 요인은 리라는 것이 그의 견해다.

이 점은 그가 '리'理의 특성을 설명하는 자리에서 확인된다.

> 이것은 지극히 허虛하면서 지극히 실實하고, 지극한 무無이면서 지극한 유有다. 움직이되 움직임이 없고, 고요하되 고요함이 없다. 매우 깨끗하고 매우 밝으며, 티끌만큼도 더하거나 뺄 수 없다. 음양오행陰陽五行, 만물만사萬物萬事의 근본이 될 수 있으면서 음양오행과 만물만사에 얽매이지 않는다.[9]

이황은 리의 특성을 허虛, 무無한 것이지만 동시에 '지극히 실'至實하고, '지극한 유'至有라 하면서 '동정'動靜 등으로 표현한다. 이것은 그가 리의 실재성을 상정한 데서 나온 주장이다. 실재하는 리가 실實하고 유有이면서, 모든 기와 만물 만사의 근본이 될 수 있어, 결국 실학의 내용이 된다는 것이 그의 견해다.

실實이라는 용어를 인간의 행동과 사무에 많이 관련시켜 역설한 성리학자는 이이李珥다. 그는 성리학을 성학聖學으로 부른 학자지만, 행동과 사무의 시각에서 '실에 힘씀' 의미의 "무실"務實 정신과 무실의 태도를 보다 중요시했다. 이이는 무실의 태도 또는 정신에서 '실학'까지 언급한 학자다. 따라서 그의 경우는 이황과 좀 다르다.

이이는 성리학자답게 리와 심을 자주 언급한다. 그런데 그의 경우는 무실務實의 정신을 간직했기 때문에, 그것들에도 실實의 형용사를 적용해 실리實理와 실심實心으로 나타낸다. 그는 실리와 실심을 각기 천도天道와 인도人道에 해당시킨다.[10] 그리고 이것들을 '성'誠, 곧 성실로 묶는다. "이른바 실리, 실심이란 성誠에 지나지 않는다"는 것이다. 그에 있어 성실은 무실의 핵심이라 할 수 있다. 이는 성실한 마음가짐이 리와 심을 실하게 하는 요건, 곧 그의 실학을 이루는 요건임을 시사한다.

> 배우는 사람의 진덕수업進德修業은 오로지 경敬을 독실히 함에 있다고 하니, 경을 독실히 하지 않는다면 다만 헛된 말일 따름이다. 반드시 표리가 한결같고 잠시의 끊임도 없어야 한다. …… 오직 부지런히 힘쓰면서 죽은 뒤에야 그만두어야 한다. 이것이 바로 실학實學이다.[11]

> 지금 정주程朱를 기술하고 성리性理를 담론하는 이들은 평소에는 안색을 바로 하고 말을 조심해 고인에게 부끄럽지 않다가도, 이해에 임하고 득실과 경중을 만나면 생사에 이르진 않을지라도 도리어 눈을 부릅뜨고 마음을 졸이며 자기가 지키던 것을 바꾸어 버린다. 하물며 존망의 때에 강상綱

常의 책임을 맡을 수 있는 이가 몇이나 되겠는가? 이것은 실학實學이 아직 떨쳐지지 못하고 사유四維가 펼쳐지지 않았기 때문이다.

이 두 인용문을 정리하면, 율곡에서 실학의 내용과 성격이 드러난다. 그의 실학이란 성실한 태도인 실심實心으로 실리實理를 탐구하고 실천하면서 덕을 쌓는 수양〔進德修業〕을 통해, 도덕〔人倫·綱常〕을 바르게 행하는 것이다.

성리학에서 자칭하는 실학은 이렇게 도덕을 바르게 행해 사회 질서를 바로잡는 데 목표를 둔 것이다. '도덕의 실제성'을 기준으로 일컫는 실학이 곧 성리학자들의 실학이다. 성리학자들이 추구하고 자랑하는 실학은 "실심의 실학"實心實學이라고 하는 언표가 가장 적절하듯이, 도덕 행위를 위한 수양과 그 수양의 도덕적 성과를 주된 내용으로 한다.

17~18세기 초, 예학 시대의 성리학자이고 예학자인 정구鄭逑(호 한강寒岡, 1543~1620)와 허목許穆(호 미수眉叟, 1595~1682), 그리고 윤증尹拯(호 명재明齋, 1629~1714)에 이르면, '심성 수양 공부' 또는 '예학'이 곧 실학으로 여겨진다.[12] 이는 일정한 시대의 가장 대표적인 관심사가 '알찬 학문'을 가리키는 실학의 핵심이 되는 현상이라고 이해해야 한다. 따라서 그 시대 성리학자들로서는 이것을 당연한 사유라 믿었다.

그러나 실학자들의 실학관은 이와 같지 않다. 그것은 이와 용어만 같을 뿐 내용이 전혀 다르다. 18세기의 실학자인 홍대용은 '실심'을 말하지만, 그것은 이이나 윤증처럼 실리나 예절을 실행하기 위한 조건으로 말해지는 것이 아니다. 그것은 어디까지나 '실사'實事를 다루기 위한 토대로 말해진다. 그 점을 확인할 수 있다.

"실사를 해 가면서 날마다 실지實地를 밟아 가야 하고…… 실제에 적용하는 바가 헛된 그림자, '허영'虛影으로 돌아가지 않도록 해야 한다." 13

실사를 어디까지나 실지를 토대로 실제 적용할 수 있도록 힘쓰는 데에 홍대용 실학의 특징이 있다. '실사'를 '유익有益하게 응용應用'함으로써 '실제성'을 살리도록 하는 이것이 그의 실학이다.

실사의 실제성을 살려 이용하는 이런 실학의 학문 영역은 박지원에게서 마침내 분명히 명시된다. 실사를 유익함의 시각에서 다루는 '실학의 영역'이란 이렇다.

"그러나 선비〔士〕의 학문은 농農·공工·상賈의 이치를 아울러 포함하고 있어, 삼자의 업은 반드시 모두 선비를 기다린 뒤에 이루어집니다. 이른바 농사를 밝히고 상품을 통하게 하고 공업에 혜택을 주는 것이니, 밝히고 통하고 혜택을 주는 이는 선비가 아니고 누구겠습니까? 신이 짐짓 생각해 보니, 후세에 농과 공과 상이 그 업을 잘 못하는 것은 바로 선비에게 실학實學이 없는 허물 때문입니다." 14

"역대의 사전史傳에 나타난 것은…… 혹은 옛것을 본받아 윤색하고 혹은 지혜를 개발해 유리하도록 하는 것인데, 백성을 풍요롭게 하고 나라를 이롭게 하는 공효〔裕民益國之效〕가 아닌 것이 없습니다……. 이 어찌 반드시 도덕을 입으로 말하고서, 나라를 다스리는 데 뜻을 두어야만 실학이 쌓일 수 있겠습니까?"[15]

박지원이 생각하는 실학은 유학을 비롯해 농업, 공업, 상업을 다 포괄하는 학문이다. 그의 견해로 이런 범위의 학문을 선비〔士〕가 옳게 담당하느냐 못하느냐에 실학의 성패가 달렸다. 따라서 바람직한 선비의 학문인 실학은 도덕道德과 아울러, 아니 그보다도 더 국가 경영〔經邦國〕을 적극 이끌어야 한다. 특히 그 국가 경영이 '백성의 삶을 넉넉하게 하고 나라를 이롭게 하는 실효'裕民益國之效를 거두게 하는 학문이라야 실학이다. 민인의 '후생'과 국가의 '부강'을 기하는 데 목적을 두고, 실제로 그 효과를 거두는 학문이 박지원이 그리는 실학이다. 이 대목에서 필자는 박지원에게서 모처럼 '공리'公利가 마땅히 추구되어야 할 것으로 말해지는 사실을 상기하게 된다. 이런 실학관으로 볼 때 공리 추구 의식을 그가 드높인 것은 결코 우연이 아님을 깨닫게 된다.[16]

19세기의 실학을 대표하는 최한기崔漢綺(호 혜강惠崗, 1803~1877)의 견해도 박지원의 견해의 연장선에 자리한다. 아래 글이 그의 실학 용어에 비치는 실학관이다.

"모든 사무事務는 다 참되고 절실한 학문이니, 사무를 버리고 학문을 구함은 곧 공허한 학문이다. ……사·농·공·상·장수·병졸의 부류는 다 학문의 실제 자취다. 그 행사와 시행을 보면 그 학문의 성패와 우열을 점칠 수 있다."[17]

"천하의 학문의 시비를 통괄하고 우열을 논해 정하려면, 천하의 민생民生에 '실제로 쓰이는 것'과 사해四海의 '정치에 필요한 것'으로써 해야 한다. 형체가 있어서 집행할 수 있고, 사물을 처리해서 증험할 수 있는 것이 실학이다."[18]

최한기의 견해로는 현실 생활에 관련된 일, 곧 사무事務가 학문의 대상이다. 사무와 무관한 학문이라면 그것은 '허무오탄의 학'虛無慠誕之學 또는 '허공에 매달린 학'懸空底學일 따름이다. 그는 박지원이 꼽은 사·농·공·상에 군사軍事를 더한 것들이 학문의 대상인데, 이것들의 연구 결과가 생활에 유익하게 집행될 수 있고 증험되어야 '실학'이라고 한다. 그의 실학관에는 생활에 필요한 것, 실제 쓰이는 것, 증험할 수 있는 것이라는 사유가 끼어든 사실이 독특한 점이다. 학문에 담긴 '실용성', '실제성', '실증성'을 나타내는 특성이 그 학문을 실학이라고 하게 하는 요인이다.

이로써 후기 실학은 성리학으로서의 실학과 전혀 다른 성격과 다른 내용의 학문임이 분명해졌다. 두 실학이 추구하는 '실제성' 자체의 내용과 성격이 서로 다름 또한 확실해졌다.

3

근대 천체관에 영향받은 가치관의 동요

실학의 도덕철학을 검토하려면 실학의 기본 철학 또는 기본 사유가 어떤지 알아야 한다. 그 도덕철학이 '기본 철학의 틀과 내용'을 바탕으로 형성되었기 때문이다. 실학의 기본 철학은 그것을 형성하던 시대 배경과 무관하지 않다. 그런 만큼 시대의 여건 변화와 함께 성리학 사고에서 실학 사고로 전환되던 현상들을 필요한 부분만 다시 상기해야겠다.

초두에 밝힌 대로 실학자(士大夫)들의 '지식 확충 의지'는 먼저 '박학'을 표방하는 백과사전류의 다양한 지식을 지향하는 식으로 출발했다. 그런 기풍에서 실학자들은 '유학 경전'의 이해 외에 '농', '공', '상'의 지식과 '군사학'까지 새로운 유학인 실학에 포괄해야 한다고 주장했다. 이 주장은 반추할 만하다. 농경 본위이던 그 시대에 농업 외에

공업과 상업에 눈을 뜬 것은 사실상 실학 사유의 '획기적 진전'이다. 이 실용 측면의 획기적 진전은 17세기 말엽부터 소수의 선구적 학자에 의해 괄목할 만하게 이루어진다.

먼저 농업 부분을 들겠다. 박세당은 농사 자체의 중요성 고취, 토지 구획 정비, 농사법과 과목 재배·임목 식재의 개량 등을 제창한다.[19] 홍만선洪萬選(호 유암流巖, 1643~1715)의 『산림경제』山林經濟에서는 농예는 물론, 농기구 개량과 구황救荒 및 의약醫藥까지 비중 높게 다룬다. 서유구徐有榘(호 풍석楓石, 1764~1845)의 『임원경제지』林園經濟志에 이르면, 농업을 중심으로 한 방대한 백과전서류의 지식이 집성된다. 농업 분야의 지식 추구가 단순한 곡물 재배의 범위를 벗어나, 그것과 관련되는 지식들 전반을 포괄하는 학문적 변화가 크게 일어난다.

공업, 상업 분야의 발달도 마찬가지다. 금속 관계의 '광공업'과 '시전'市廛의 발달로 대표되는 이 분야들도 조선인 자체의 기술과 물품의 수요 증가로 그 지식과 기술이 향상되어 왔다. 특히 기기器機와 과학기술 분야의 발달 이면에는 다 아는 대로 실학자들 가운데 '북학'北學에 치중한 학자들의 공헌이 컸다. 이른바 '북학'은 곧 '청의 문물'과 청을 통한 '서구의 과학기술' 문명을 익히는 데 앞장선 학문이었기 때문이다. 그들은 박제가에게서 볼 수 있듯이 농기구·우마차·도로의 개량을 주장했고, 물품의 대량 이동과 도매 형식의 중요성을 역설했다.[20] 정약용은 벽돌 제작과 거중기 제작에 의한 축성법을 실천했으며,* 약학·천문天文·서구의 역법曆法·세계 지리에 대한 인지 등의 지식을 가지고 있었다.

이러한 점은 대체로 '기물'器物의 중요성에 대한 강화로 정리될 국면이다. 이상의 국면 가운데 참으로 사상계에 놀라운 영향을 끼친 측면이 있다. 그것은 새로운 천체관天體觀 전파에 따른 영향이다. 김석문金錫文(호 대곡大谷, 1658~1735)도 그의 『역학도해』易學圖解를 통해 종래의 천체관을 어느 정도 벗어나는 모습을 보였지만, 특히 홍대용이 서학西學을 통해 인지하고 소개한 '지구설'地球說과 '지동설'地動說이 그것이다.

"땅덩이가 둥글다"는 지구설만 하더라도, 이것은 지상의 어디든지 중심이라고 할 수 있다는 주장을 낳았고, 종래 중국 본위의 '중화 중심의 세계관'中華主義世界觀을 부정, 탈피하게 했다. 바로 이런 점에서, 그 지구설은 성리학자들에게 대단한 충격을 준 이론이다. 그것은 이른바 '세계〔天下〕가 중국을 중심에 두고 편성'된 듯이 여기던 전통 사고를 뿌리부터 뽑아 버리는 결과를 가져왔다.

이러한 세계관의 변화가 실제로 홍대용에 의해 실현되었다. 지구설은 실제로 홍대용에게 중국을 중심으로 한 중화주의 세계관을 깨는 주장을 내게 하는 데 이용되었다. 다음 글이 그 증거다.

"중국은 서양과 경도의 차이가 180도에 달해, 중국인은 중국을 정계正界로 삼고 서양을 도계倒界로 한다. (하지만) 서양인은 서양을 정계로 하고 중국을 도계로 한다. 실은 하늘을 이고 땅을 밟고 서면 그에 따르는 계가 다 그

---

* 수원 화성의 축조가 그 대표적 시례다.

렇게 된다. 횡橫과 도倒를 가릴 것 없이 정계이기는 다 마찬가지다."[21]

"허자虛子가 말하길, '공자가 『춘추』를 지을 때 중국을 안〔內〕으로 사이四夷를 밖〔外〕으로 했습니다. 무릇 화이의 구별이 이와 같이 엄했습니다.' 실옹實翁이 이르길, '하늘이 낳고 땅이 길러 준 것으로서 혈기를 가진 것은 모두 이 사람이다. …… 하늘에서 보면 어찌 안과 밖의 분별이 있겠는가! 이런 까닭에 각기 제 나라 사람을 친하고 제 임금을 받들고 제 나라를 지키고 제 풍속을 좋아함에는 화이華夷가 한가지다'."[22]

홍대용에 따르면, 중국인은 중국을 기준〔正界〕으로 삼지만, 서양인은 서양을 기준으로 한다. 그렇다고 어느 생각이 옳고 그른 것은 아니다. 보기 나름이다. 제3의 입장인 하늘에서 보면 옳고 그름이 없다. 마찬가지 이치로 중화와 오랑캐, 곧 '화이'華夷의 구별도 오로지 중국인들이 자신들을 기준으로 정한 규정일 따름이다. 그 밖의 인간들이 자신을 기준으로 하면, 그것은 성립하지 않는다.

이런 맥락에서 홍대용은 만일 공자가 해동(조선)에서 태어났더라면, '해동의 『춘추』'를 지었으리라고 단언한다. 그런 가상에 선다면, 조선이 중화가 되고 중국은 오랑캐로 규정되었을 것이다. 지구설은 이렇게 그 시대 '화이관'華夷觀을 바꾸게 했음은 물론, 조선인의 '민족적 자존의식自尊意識'까지 강화하는 토대가 되었다. 인간이면 어느 나라 인간이나 존귀함에서 마찬가지라는 '인간 평등관'의 대두가 여기에 자리한다.

지구가 둥글 뿐만 아니라 움직이기까지 한다는 이론은 성리학자들이 진리로 여겨 오던 "하늘은 둥글고 땅은 모나다"天圓地方는 관념을 버리게 하고, "땅은 정지한 채로 있고 하늘이 움직인다"天動地靜는 성리학자들의 믿음마저 쓸모없게 한 지식이다. 서구의 근대 천체관은 정지운, 이황 같은 성리학자들의 「천명도」天命圖에 명시했던 그들 지식의 핵심 부분을 거의 다 수정해야 할 상황으로 몰아넣었다.

인간이 천지의 모습을 하고서 우주의 중심에 자리하고 있는 특별한 존재라는 신념도 타당시할 근거를 잃었다. 이는 성리학의 가치관을 형성하던 근거를 송두리째 붕괴시킨 근본 요인이 지구설, 지동설임을 의미한다. 천지에 대한 이해, 이른바 우주관의 변천은 중국 본위인 화이관의 붕괴에 이어 성리학적 '세계관', '인간관' 및 '윤리적 가치관'을 따라서 변개시키는 여건 조성이라는 엄청난 영향을 끼쳤다.

지구설을 인지하는 데 남보다 앞선 홍대용은 오륜 도덕을 누구 못지않게 중요시하고 인간 영장관도 계승한다. 그러나 그의 경우 인간을 우월시하는 근거가 성리학자들처럼 '도덕 능력인 오상'의 본구에 있지 않다. 그는 인간의 심心이 내포한 기氣 작용, 그 지각知覺의 뛰어난 '영명성'靈明性에 영장관의 근거를 둔다.[23] 더욱이 심 (또는 성)의 지각과 영명함은 다른 동식물(禽獸)에까지(영명 정도의 차가 있을 뿐) 두루 갖추어졌다는[24] 사유를 토대로, 그는 인간과 타물을 근원적으로 이질적이라고 차별하지 않는다.

"인간의 입장에서 타물을 보면 인간이 귀하고 타물이 천하지만, 타물의 입장에서 인간을 보면 타물이 귀하고 인간이 천한데, 하늘〔天〕에서 보면 인간과 타물이 균등〔均〕하다.”25

홍대용은 인간과 타물들을 하늘 같은 제3의 입장에서 평가하면 균등均等하다고 하게 되어, 인간을 더 우월시하지 않게 됨을 주장한다. 그의 화이관 타파 사유는 이제 ‘인간과 타물’ 사이의 ‘차등 관념’을 허무는 데로 진전되었다. 지각의 소유를 기준으로 한 이 ‘인간과 타물의 균등관’은 도덕적 본성을 기준으로 한 성리학자들의 시각視覺 자체를 벗어난 특징으로 해서, 세계를 바라보는 패러다임의 변이라 할 만하다.

그 시기 홍대용에게 지구설을 들었다는 박지원에게서 양반의 허구적 비리를 비판한 문학 작품, 『양반전』兩班傳과 『예덕선생전』穢德先生傳이 나온 것은 결코 우연이 아니다. 그 작품들은 그 시대의 우주관, 세계관, 인간관이 획기적으로 전환되던 사조로 해서 나온 발상이다. 박지원이 두 작품을 통해 양반들의 이중인격적 가면을 벗기면서, 양반 상민의 신분 차별과 사농공상의 직업 귀천 관념에 도전했던 데는 홍대용 등 실학자들에게서 비롯된 신분상의 ‘인간 평등관의 싹’이 자리했던 것이다. 그 사상은 그에 앞서 나온 허균許筠(호 교산蛟山, 1569~1618)의 적서嫡庶 차별에 저항한 『홍길동전』洪吉童傳의 사회 비평과 맥을 같이하는 작품으로 기억될 만하다.

4

기물 중요시에서 나온 기존 천도관의 변화

하늘〔天〕이 움직이지 않고 지구가 움직인다는 사실, 그리고 타물과 인간이 균등하다는 발상은 성리학자들의 '천인합일'天人合一의 견해에도 필연적으로 변화를 가져온다. 구체적으로 말해, 하늘이 돈다는 사유는 하늘의 법칙인 '천도'天道가 곧 도덕적 법칙인 '인도'人道의 '본받아야 할 준거準據'라는 사유에 동요를 가져오게 된다. 이 점에 대한 이해에는 약간의 설명이 필요하겠다. 잠시 종래 유학의 천인합일관을 다시 떠올리자.

「천명도」에 명시했듯이 성리학자들은 '천도'를 대체로 『주역』과 『중용』에 제시된 것으로 이해했다. 그 하나는 『주역』의 '원형이정'元亨利貞을 천도로 간주하는 사례다. 원형이정은 하늘의 운행이 네 계절인 봄春, 여름夏, 가을秋, 겨울冬을 가져오면서 각 계절의 특성을 이루는 법칙을 가리킨다. 이는 곧 봄에 싹터 나옴의 '생'生, 여름의 '자람'〔長〕, 가을의 '익어서 걷움'〔熟, 收〕, 겨울의 '씨 갖춤'〔藏〕의 현상을 이루는 원리를 상징한다.

이 발상에는 우주 자연에 대한 생성철학이 잠재한다. 이때 성리학자들은 '성즉리'性卽理의 명제에 따라, 천도와 맞먹는 인간의 성이 바로 '생의 성'生之性으로 규정된 인仁이라 한다. 따라서 인성仁性의 확장을 통해 인간은 "물아일체物我一體의 천인합일"을 이룬다는 이론이 그들 정주학자들에게서 나왔다.

또 하나는 『중용』의 천도인데, "성 자체〔誠者〕는 천도이고, 성의 태도를 갖는 것〔誠之者〕은 인간의 도다"[26]라 한 것이 그것이다. '성'誠 곧 진실해서 거짓 없음이 천도이고, 진실하려고 정성을 다하는 성실함이 인도다. 이것은 우주 자연을 의인화한 발상을 앞세운 데서 나온 천도관이다.

우주를 이렇게 의인화해서 '진실하려고 성의를 다함誠之'을 중요시하는 까닭은 진실한 성의가 곧 '나와 타물을 이룬다'는 믿음에 있다. 『중용』에는 본디 "인간은 진실하려고 정성을 다함으로써 자신을 이루고〔成己〕, 나아가 만물까지 이루게〔成物〕된다"[27]고 했다. 자신과 만물을 이룰 만큼 나와 타물에 서로 통할 수 있음은 결국 천인합일의 성취 가능에 다름 아니다. 따라서 『중용』에서는 이 천인합일 경지를 "나의 본성을 다해〔盡性〕…… 마침내 천지의 화육化育까지 돕는"[28] 경지로 묘사한다.

성리학자들이 상정한 천도는 또 하나가 더 있다. 그것은 『중용』의 천 또는 천명과 『주역』의 태극을 '천즉리'天卽理, '태극즉리'太極卽理의 의미로 환원해서 규정한 천도다. 이때의 리는 우주의 근원, 궁극적 원리의 의미다. 리 자체 또는 천리가 천도의 내용을 담지한다고 상정된다. 이런 점에서 인도를 실천한 도덕적 행위가 천리에 합치한 것이 곧 천인합일에 해당한다. 다시 말해 성리학자들은 '인욕을 제거하고 천리를 보존하는 일', '알인욕遏人慾 존천리存天理'의 완전한 성취를 또한 천인합일로 간주한다. 바로 이 천인합일이 도덕의 성격, 특히 도덕을 선행 조건으로 요청하는 성향이 가장 강한 천인합일 사상이다.

그러나 실학자들은 홍대용 이후 '천도'라면 '천체의 운행 법칙'을 먼저 생각하지, 태극 천명을 더 생각지 않게 된다. 그들로서는 태양을 중심으로 한 '역법'曆法, 이른바 태양력太陽曆을 더 생각하기 마련이다. 따라서 오륜을 긍정하는 그들이지만, 그 오륜으로 대표되는 '도덕의 근거'를 성리학자들과 자연히 다르게 모색한다. 그들의 사유 자체가 기물器物의 세계, 근본에서는 기질氣質 또는 기氣의 세계에 치중하는 성향이다. 따라서 그들은 태극 천명 및 리를 언급하더라도 과거 성리학자들과는 다른 의미와 내용으로 언급할 것이다.

이상과 같은 점들은 결코 예상에 그치지 않는다. 단적인 사례로, 실학자들이 종래 성리학의 궁극적 이상인 천인합일관에 수정을 가하는 사상을 찾을 수 있다. 유학의 천인합일은 어떤 종류의 천일합일이든지, 성리학은 고사하고 본원 유학에서부터 지향해 오던 궁극의 경지다. 그런 만큼 천인합일이라는 궁극의 이상적 경지는 유학에서 깨끗이 버리기 곤란한 관념이다. 그러나 천인합일 사상이 기에 치중하는 실학자인 박세당에서부터 벌써 부정되기 시작한다.

> "'중화中和를 극진하게 하면 천지가 제자리에 서고 만물이 길러진다.' …… '또 나의 마음이 바르면 천지의 마음도 또한 바르고, 나의 기가 순하면 천지의 기도 또한 순해진다'고 한 말에서, 아래의 설은 진실로 좋지만 위의 설은 또한 의심스러운 것이 없을 수 없다. 이른바 천지의 마음이란 곧 리가 아닌가?"[29]

주희는 본성을 지극하게 발현하면 자연의 화육까지 돕는다는 『중용』의 천인합일설을 세 가지로 인정, 계승했다. 첫째, 선행善行으로 번역될 '도덕적 중화中和'를 최대한으로 실현하면 천인합일의 경지에 도달한다는 견해다. 둘째, 수양에 의해 나의 '마음이 바르면' 우주〔天地〕의 마음과의 합치가 이루어진다는 것이다. 셋째, 나의 '기氣가 순順하면' 우주 자연을 이룬 기도 순해져, 물아일체의 경지가 실현된다는 것이 그것이다.

주희의 이런 견해에 대해 지구설과 지동설을 모르고 있던 박세당만 해도, 벌써 셋째 번의 기로 이루는 이론만 긍정하고 나머지는 부정한다. 그로서는 '도덕과 마음'의 통로에 의한 천인합일은 불가능하다고 생각해서 부정한다. 특히 우주를 의인화한 사유로서 천지에도 마음〔天地之心〕이 있다고 상정해, 그 천지의 마음이 내 마음과 통함으로써 천인합일을 가능하다고 생각했던 일종의 천인상감天人相感 사상을 박세당은 단호히 부정한다.

그는 오직 '기만을 통로'로 한 '상호 영향' 정도를 가능하다고 할 따름이다. 주희 이론에 대한 이 같은 부정 또는 수정을 가하는 비판적 태도는 그 맹종을 거부하고 정주성리학과 거리를 두는, 일종의 '탈정주학脫程朱學의 태도'에 속한다.

도덕을 통한 천인합일을 부정하는 그의 견해는 또한 '도덕과 천인합일을 별개로' 간주함에 다름 아니다. 도덕은 그에 있어 결코 천인합일을 위한 과정이나 수단이 아닌 '독자의 가치'를 지닌 것에 틀림없다. 이는 천도天道를 움직이는 기氣 또는 기器 세계의 필연적 법칙이라고만 생각할 때, 이미 그것(천도)을 인도人道인 도덕 원리〔義理〕의 준칙으로 간주하지 않는 사유로 되었음을 의미하는 것이기도 하다. 실학이 지닌 도덕철학의 기반은 성리학의 그것과 이렇게 달라진 것이다.

5

개념, 명제로 본 실학의 특성

정주성리학이 그 이전의 유학과 크게 달라진 점은 그 전의 종교적 성향을 원리적으로 파악하는 철학적 성향으로 전환한 점이다. 그런 실례 가운데 가장 대표적인 것이 '상제천관'上帝天觀을 '리법천관'理法天觀으로 바꾼 사유다. 인격신으로서 우주 만물을 '주재'主宰한다고 믿던 '천'을 리로 바꾼 "천즉리"天卽理의 명제 개발은 유학사에서 정주성리학의 대두를 선포하는 신호에 비길 획기적인 발상이었다. 이는 이미 조금씩 언급되어 온 점이다.

이 사유 전환에는 리의 의미에 '그러한 까닭'所以然之故의 의미를 더해, 천에 속하던 '주재'의 의미를 모든 사물의 '변화 원인'의 원리로 대체한 사유가 작용했다. 물론 정주성리학자들은 리법천관을 가지고도 필요한 때는 상제천관을 겸용했음이 사실이다. 그러나 실학자들은 이제 그 리법천관을 버리고 상제천관으로 되돌아가는 경향의 모습을 보인다.

바로 실학의 철학에 초석을 놓았다고 할 박세당에게서부터 정주성리학의 '리법천관'을 거부하는 태도가 잡히기 시작한다. 그는 아래와 같은 견해를 피력한다.

"생각건대 기氣가 많아지면 하늘〔天〕이 되고, 흙〔土〕이 많아지면 땅〔地〕이 된다. 돌〔石〕이 많아지면 산악이 되고, 물〔水〕이 많아지면 강과 바다가 된다."[30]

이때의 기는 성리학자들이 규정하는 복잡한 의미를 다 떠올릴 필요가 없는 개념이다. 이것은 상식 차원에서 말하는 '공기', '대기', '운기' 정도의 의미에 지나지 않는다. 하늘도 창공蒼空의 하늘, 곧 자연 천自然天이다. 그 자연 '천을 소박한 뜻의 기 개념으로 설명'하는 학자가 박세당이다. 그는 자연 천 외에 상제 천을 언급한다. 상제 천과 그 천의 명命, 특히 통치자에 대한 천명天命을 본원 유학에서 사용하던 대로 인용하기를 주저치 않는다.

"(지금) 걸桀이 혼포昏暴해서 인민을 도탄에 빠뜨림은 천天이 (그를) 임금으로 세운 뜻이 아니다. 그런 까닭에 그를 치우고 명命을 (성탕에게로) 바꾸었다."[31]

이때 천은 물론 상제이고, 명도 상제에 대한 통치권의 부여 의미로 쓰였다. 『상서』尙書에 나오는 천이야 성리학자들도 상제로 해석하지 않을 수 없는 것이다. 그러나 박세당의 천관에 리법천관이 없다든가 거부되었음이 더 확실히 밝혀져야 한다. 그에게서는 천을 리로 동일시하는 사유가 찾아지지 않지만, 마침 주희가 『논어』 주해에서 사용한 "천즉리"에 대한 반응이 찾아진다.

"(주희는) 주註에 '천은 곧 리라' 했는데, (이는) 아마도 '천이 천으로 되게끔 하는 것이 리일 따름이다'天之所以爲天者理而已라는 것만큼 뜻이 완비하지 못한 듯하다."[32]

이는 공자가 "하늘에 지은 죄는 빌〔禱〕 것이 아니다"라고 한 데 대한 주희의 주해를 박세당이 평한 대목이다. 박세당의 견해로는 '천은 곧 리'가 아니고, 기가 많아져서 천을 이루도록 하는 이치, 원리가 리일 따름이다. 이는 주희의 실재로서의 리와 동일시된 천관에 대한 박세당의 부정적 견해다.

'천이 곧 리'라는 명제는 홍대용에게서도 부정되고, 그 부정은 박세당 이상으로 기氣에 치중하는 그의 기철학〔主氣〕 성향에 근거한다. 아래 글이 그 점을 드러낸다.

"지금 천이란 그 체는 지극히 허虛하고, 그 성은 지극히 정靜하고, 그 크기는 한량없고, 그 꽉 참〔塞〕은 빈틈이 없다."[33]

천은 그의 견해로 기로 꽉 들어찬 것일 따름이다. 이런 의미에서 그는 "천은 허기"天者虛氣[34]라 하고, "천은 청허의 기"天者淸虛之氣[35]이며, 나아가 "천은 만물의 조상"天者萬物之祖[36]이라고 한다. 이 '만물의 조상'이라는 글귀는 "땅은 만물의 어머니地者萬物之母이고 해는 만물의 아버지日者萬物之父라"라는 것에 비교해서 쓴 글귀여서, 조물자造物者의 뜻이 아니고 허공을 가리킬 따름이다. 그렇다고 홍대용도 천이 (주재천인) 상제 의미를 지님도 부정하지는 않는다. 그도 '상제 천'을 인정할 때가 있고, 궁극적인 것의 의미로도 사용한다.

천 개념의 보다 더 또렷한 변화가 특히 정약용에 이르러 명시적으로 드러남은 익히 알려진 사실이다. 정주에 의해 '퇴색된 상제 천'은 정약용에게서 완전히 복원된다. 아니 그것은 복원 이상의 상세한 내용을 갖추기까지 한다. 정약용에게서는 천이 창공인 자연 천과 상제 천, 두 가지로 언급된다.

> "저 푸른 유형의 하늘〔天〕은 인간에게 있어서는 집의 지붕이나 덮개에 지나지 않는다. 그 등급은 땅, 물, 불과 같은 지위를 갖는다. 그런 것이 어찌 인간의 성性과 도道의 근본이겠는가?"[37]

> "상제란 무엇인가? 그것은 하늘과 땅과 귀신과 인간을 초월해 있으면서 하늘, 땅, 귀신, 인간과 만물을 조화造化하고 주재主宰하며 편안하게 양육安養하는 것이다."[38]

"하늘의 영명靈明은 인간의 마음에 직접 통한다."[39]

"호천 상제昊天上帝는 오직 하나뿐이지 둘이 아니다."[40]

창공인 자연 천은 땅과 물과 불과 같은 등급이고, 인간에게 성을 부여한 존재도 아니며, 도의 근본도 될 수 없다. 이에 비해 상제 천(하느님)은 창공과 땅, 인간 및 만물을 조화 주재하는 존재다. 인간 만물을 오직 주재할 뿐 아니라 '조화'造化를 한다는 데에, 정약용의 상제는 본원 유학의 천보다 한 가지 특성을 더 갖는다.

조화造化는 비록 창조와는 거리가 있지만 조성造成과 같은 의미를 지녀, 창조와 주재의 중간 개념에 해당한다. 이것은 더할 나위 없이 '조물주'造物主의 존재를 가상한 데서 나온 개념이다. 그의 상제는 영명성靈明性을 가지고 있어 모든 것을 조화, 주재할 수 있고 인간과도 상통한다. 그는 인간의 마음을 영명한 '영지'靈知로 볼 때가 있는데, 특히 그런 마음과 상제의 영명성이 통한다고 믿는다.

그는 이 상제가 또한 '유일자'唯一者임을 이 글에서 확실히 하고 있다. 종래의 상제천관을 이렇게 정리한 점으로 미루면, 정약용의 상제천관에서 특히 본원 유학의 천보다 더 상론되는 부분에서는 『천주실의』天主實義 등을 통한 천주교의 영향을 짐작할 수 있다. 이러한 그의 상제천관으로 해서 정주성리학의 리법천관에 가려졌던 전래의 상제관이 다시 복원된 사실만은 틀림없다.

정주성리학의 특징으로는 또 '성즉리'性卽理의 명제가 있음을 보았다. 이에 대한 정약용의 견해도 '부정'否定으로 나타난다. 그에 있어 '성'性은 리와 동일시되지 않는 '기호'嗜好일 따름이다.[41] 그 기호의 성은 가능성, 소질에 지나지 않는다. 그런 만큼 그는 성이 실재하지 않는다는 의미에서 "'인의예지'의 성은 마치 마음속에 들어 있는 과립顆粒 같지 않다"[42]고 주장한다.

리理 또한 그의 견해로는 실재하는 원리나 원인〔所以然之故〕이 아니다. 정약용은 그 리를 송나라 서현徐鉉의 견해에 따라 "맥리"脈理라고 한다.[43] 그에서 리란 본래 옥석玉石에 나타난 '결'을 가리킨다. 옥석의 결 같은 조리條理로서, 원리·원칙·이치의 의미에서 그치는 것이 그의 리다. 따라서 "성이 곧 리"라는 명제도 그에게서 수긍되지 않는다. 이에 대한 부정을 위해 그는 천명과 성을 다 리로 보는 정주성리학의 사유를 '천명지위성'天命之謂性에 대입해, "리가 명한 것을 리라 한다"는 동어 반복의 형식으로 되는 오류를 지적한다. 마찬가지로 맹자의 「진심편」盡心篇 문장도 이와 같은 동어 반복에 빠지는 오류임을 그는 지적한다.*

정주성리학을 이루는 우주론 측면의 특별한 명제가 또 '리일분수'理一分殊다. 이는 우주 근원인 태극의 리와 만물로 일컫는 각 개체들 속의 태극인 리의 관계를 설명한 우주론이다. 이른바 "총체일태극, 물물각

---

* 柳初夏, 「丁若鏞의 宇宙觀」(고려대학교 박사학위 논문), 13쪽. 참조. "盡其心者 知其性也, 知其性 則知天矣"도 모씨(毛氏 奇齡)가 제시한 대로 심(心)·성(性)·천(天)을 리(理)로 바꾸어 넣으면 동어 반복이 생겨서, "그 리(理)를 다하는 사람은 그 리를 알게 되고, 그 리를 알면 그 리를 알게 된다" 식으로 됨을 지적한다.

유일태극"總體一太極 物物各有一太極의 다른 표현으로, 이는 우주가 '한 리의 체계'임을 나타내는 명제다. 이때의 리는 물론 실재시된 리다. 그러나 리의 실제성은 이미 홍대용에서부터 부정되어 다음과 같이 언급된다.

"무릇 리를 말하는 사람들은 반드시 '무형이지만 있다'고 한다. 리가 이미 무형이라면 있는 것은 무슨 물건인가? …… 이미 이(소리, 색, 냄새, 맛) 네 가지가 없는 것은 곧 형체와 방소方所가 없는 것인데도 있다고 하는 것은 무슨 물건인가?

더욱이 리를 조리, 이치 정도의 맥리脈理, 옥리玉理로 규정한 정약용인 만큼, 그도 리를 결코 실재시하지 않는다. 홍대용과 정약용에게 있어, 무형(형이상)한 리는 유형(형이하)한 기에 내재, 또는 기의 작용에서 발견되는 '법칙적 속성'에 지나지 않는다. 따라서 리일분수의 명제가 이들에게서는 부정될 수밖에 없다.

정약용은 태극 자체를 정주와 판이하게 파악한다. 그는 태극을 우주의 근원으로 상정하지만, 리로는 생각하지 않는다. 태극은 기로 이루어진 사물, 개체들의 근원이므로 "태극太極 또한 기氣라"는 것이 그의 견해다.

"태극이란 음과 양이 뒤엉켜 있는 상태의 것이다. 태극이 나뉘어 하나의 음과 양을 낳는다는 말은 옳다."[44]

그에 있어서는 기로서의 태극이 우주의 근원이다. 정약용의 우주는 굳이 표현한다면 '리일분수'가 아니고 '기일분수'氣一分殊라는 체계에 해당한다.

실학자들은 정주성리학의 리에 대한 규정만 부정하는 데서 그치지 않는다. 그들은 정주의 기氣설을 이루는 음양오행陰陽五行에 대한 규정도 좇지 않고 자신들의 새 규정을 낸다. 그 새 규정들 모두가 다 일치하지는 않지만, 몇 주요 실학자에게서 서로 비슷한 사례가 나타난다. 주요 실학자인 홍대용, 박제가, 정약용 등에게서 '음양오행 개념의 변이'가 발견된다. 먼저 홍대용의 견해부터 확인하겠다.

"비록 양陽의 종류가 여러 가지 있지만 다 불〔火〕에 근본했고, 음陰의 종류가 여러 가지 있지만 다 땅에 근본했다. 옛사람들이 이것에서 깨달아 음양의 설이 생겨났다. …… 그 근본을 미루어 보면 햇볕〔日火〕의 얕음과 깊음에 속할 따름이다."[45]

"우하虞夏 때 육부六府를 말했는데 수화금목토곡水火金木土穀이고, 『주역』에는 팔상八象을 말했는데 천지화수뇌풍산택天地火水雷風山澤이고, …… 그러므로 오행의 수는 고정된 것이 아니다……. 무릇 화는 태양이고, 수와 토는 땅이다. 목과 금 같은 것은 해와 땅의 기로 말미암아 생성되므로, 당연히 위 셋과 더불어 병립할 수 없다."[46]

홍대용에 따르면, 구체적 기氣인 '음양'은 '햇볕의 얕음과 깊음', 곧 그늘과 별의 차이에 속할 뿐 특별한 원질이나 기운을 가진 것이 아니다. 오행 또한 그 종수에 구애받지 않는데다, 목과 금은 해와 땅의 기로 이루어진 만큼 만물을 이루는 단독의 (원초적) 기로 볼 수 없다. 오행은 그에게서 '삼행', 곧 '화火 · 수水 · 토土'로 줄여진다. 다음은 박지원과 박제가의 오행에 대한 견해다.

"무릇 오행이란 하늘이 주고, 땅이 함축한 것으로, 인간이 얻어 쓰는 것이다. …… 쇠와 돌이 서로 치거나 기름과 물이 서로 배척하는 것도 불을 낼 수 있고, 번개로도 불이 나며, 황충蝗蟲도 묻히면 불꽃이 되니, 불이 나무에서만 나오지 않음이 분명하다, 그러므로 (오행의) 상생相生이란 서로 자모子母의 관계가 아니라, 상자相資해서 생기는 것이다."[47]

"지금 천 리 되는 긴 강이 있으나, 물문[閘]으로써 곡식을 배양하는 곳이 하나도 없음은 수리水利가 행해지지 않는 것이다. 석탄의 강로鋼鑪를 만들지 못해 영해의 동주銅鑄를 녹이지 못하므로, 화가 화의 구실을 못하고, 쇠가 쇠의 구실을 못한다."[48]

박지원과 박제가는 다 오행을 우주 형성의 '근본 요소'로 생각지 않는 공통점을 가진다. 오행의 다섯 가지는 근본 요소 아닌 '실물'實物로 여겨진다. 이들의 오행은 생활에 직접 이용되는 '다섯 실물'일 따름이지, 그 이상 우주를 구성하는 형이상학적 요소가 아니다. 그런 점에서 박지원은 '오행의 상생설相生說'마저 부정한다.

정약용은 이들 북학파 실학자들의 철학에 영향을 받아, 음양오행설을 그 나름으로 정리한다. 그의 글 몇 대목을 살피자.

"음과 양이라는 이름은 햇빛이 비치고 가리는 데서 시작되었다. 해가 가리는 곳을 음이라 하고 해가 비치는 곳을 양이라 한다……. 그것(음양)은 원래 빌려다 쓰는 이름〔借名〕이지, 그것에 맞는 본래의 알맹이〔本實〕가 아니다."[49]

정약용은 홍대용의 음양설을 좇아, 음과 양을 햇빛의 비치고 가린 곳에 따른 구별로 생각한다. 그 음양은 기의 어떤 내용을 담은 것(實体)이 아니라는 것이다. 이런 점에서 그는 음양, 양의兩儀를 천天과 지地의 상징으로 여긴다. 실체 아닌 상징으로 보는 관점에서, 그는 더 나아가 '사상'四象을 천지와 수화의 상징으로, '팔괘'八卦를 천지수화뇌풍산택天地水火雷風山澤의 상징으로 여긴다.

실학자들은 이처럼 존재론 차원에서 '정주성리학의 개념과 명제를 부정'한다. 그 부정은 곧 그것들을 토대로 한 정주의 도덕철학을 기저에서부터 붕괴시킴을 의미한다. 이런 것은 도덕철학을 수립하는 데 존재론보다도 훨씬 더 밀착되어 있는 '인간관', '심성론' 분야를 살피면, 그 실학자들에 의한 '정주도덕설의 붕괴'가 한낱 추측에 그치지 않고 확증되는 실상임을 발견하게 된다.

6

자율적 윤리의 강화

실학자들에게서 우주 자연과 인간은 대체로 그 합일과 반대로 서로 '분별, 분리되는 관계'로 상정된다. 전일적 현상에 이르지는 못했지만, 과거의 유학과 달리 '천인이분화'天人二分化 의식이 점진적으로 실학의 지배적 사상으로 된다. 그들은 인간을 그 부모로 간주하던 우주, 자연으로부터 소극적으로나마 '분리해 독존獨存'하는 존재라고 사유한다. 이에 따라 '천도'는 더 이상 '도덕의 준거'로 이해되지 않는 경향이 생겨났다.* 이것만으로도 '실학의 도덕설'은 우주, 자연과의 연계를 성리학처럼 크게 고려치 않고 별도의 형식으로 이루는 처지에 놓임을 알게 된다.

인간이 '오상五常을 구비한 존재'이고, 그런 점에서 '영장'이라고 하던 성리학의 인간관人間觀 설정은 인간을 특별히 '도덕적 존재'로 규정하던 사상이었다. 더욱이 그 오상은 '성이 곧 리'性卽理라는 명제에서 드러나듯이, 실재하는 리와 동일시되는 실재하는 성으로 상정되었다. 그러나 리와 성의 그 실재성이 홍대용과 정약용에 의해 부정된 마당에 그 리나 성의 '자발', '자동' 같은 작용이 불가능함은 필연적 귀결이다.

인의예지가 "마음속에 담겨진 과립 같은 것이 아니라"는 정약용에게서는 사단에 대한 "리의 발"理之發이라는 해석이라든가, "성이 발해서 정으로 된다"性發爲情는 명제도 성립할 수 없다. 도대체 "심心은 성과 정을 통섭한 것"心統性情이라는 심의 규정, 그 도식화된 구조적 규정마저 존속될 수 없는 것이 정약용의 철학이다.

인간을 포함한 모든 현상적 존재를 '리와 기의 합'으로 공식화해, 그 행위나 작용 및 변화를 해석하던 '성리학 사유의 틀'이 적용되지 않게 된 것이 실학의 철학이다. 원래 사단에 대한 리발理發 해석을 통해

---

* 일찍이 최영진 교수가 필자의 강좌 토론 시간에 지적했듯이 최한기(崔漢綺)는 그의 『추측록』(推測錄) 「천인유분」(天人有分) 장에서 천도(天道)를 유행(流行)의 리(理)로, 인도(人道)를 추측(推測)의 리(理)로 규정해 유행과 추측에 분별이 있듯이 천도와 인도에 분별이 있음을 논한다. 이것이야말로 '인식(認識) 차원'의 천도, 인도의 이분화에 해당한다. 인식 차원의 엄격한 분화와 함께 그 최한기는 도덕 차원에서〔「인천물천」(人天物天) 장〕 천리(天理)와 인욕(人慾)을 대비해 인간이 천리를 해치는 사욕(私慾)에 흐르지 말고, 천리를 따라 도덕을 이룰 것을 주장한다. 이때 그는 인간에게 있어서의 천리〔在人之天理〕와 타물에 있어서의 천리〔在物之天理〕를 전제해서 각기 '인천자'(人天者)와 '물천자'(物天者)로 표현하고, 흥미롭게도 그것들의 일치를 염원함을 본다. 그러나 이 일치는 어디까지나 하나의 천리를 전제로 한 일치임에 주의해야 한다. 천리와 인욕의 대비로는 어디까지나 상반되는 것이기 때문이다.

(이황 같은 학자들이 강조하던) "본연의 성本然之性의 자기 발로로 도덕이 성립한다"率性之謂道는 도덕설은 '기질의 성'氣質之性 측면을 거의 도외시한 이론이었다. 그 본연성의 발출이 함유한 필연성이 인정받으려면 기질성이 야기한다는 악惡도 필연적으로 해소됨을 증명하지 않고는 안 된다. 기질의 성을 외면하고 본연의 성만으로 도덕을 수립하려는 윤리설은 인간의 전인적 특성에 대한 고려를 결여했으므로, 실제 사실에 충실한 이론이 아니다. 이것이 정주성리학의 도덕철학이 지닌 약점이었다.

실학자들 사이에서 인간을 '사실적으로 파악'하려 하거나, '기질성'氣質之性의 측면을 종전보다 더 중요시하는 발언이 나옴은 이러한 성리학의 약점과 결코 무관하지 않다. 실학자들의 기질성 중요시 경향은 아마 '정주학의 도덕관'과 그 '엄격한 도덕적 기풍'에 대한 반성의 결과라 생각된다. 비근한 예로 허균許筠의 아래와 같은 발언을 들 수 있다.

> "남녀의 정욕은 하늘〔天〕이 준 것이고, 분별의 윤기倫紀는 성인聖人의 가르침이다. 하늘이 성인보다 높으니, 성인의 예교는 어길지언정 하늘이 준〔天賦〕 본성은 어길 수 없다.[50]

인간의 타고난 본능을 예와 도덕을 위해 지나치게 억압하던 정주학의 엄격주의적 풍조에 대한 반발이 허균의 이런 사유로 나타났다. 그에 따르면, 도덕과 예가 아무리 중요하더라도 그것은 성인이 제정했으므로, '하늘이 부여한 본능', 곧 천부권天賦權보다 우위에 있을 수 없다. 예와 도덕을 남녀의 정욕 같은 본능 이상으로 절대시함은 옳지 않다는 것이다. 정주학적 인간관에 대한 부정적 도전이 천부권의 명분으로 제기되는 현상은 곧 그 윤리·도덕관의 변이를 여는 단초가 아닐 수 없다.

박세당은 그의 『논어사변록』論語思辨錄에서 '기질의 성'을 중요시하는 입장을 택한다. 그는 『논어』의 "시詩 300편이 사무사思無邪라"는 구절에 대한 정주의 해석을 뒤엎는다. 정주는 이 구절의 해석을 "시를 통해 사특함이 없음을 생각하라"는 식의 교훈으로 받아들였다. 그러나 박세당은 이 구절의 의미는 "시 300편의 생각이 다 사특함이 없음"을 나타낸다고 해석한다. 그는 "시 300편이 정의 발한 것[所發]으로서 수식과 허위가 없음"이라고 한다.[51] 이 글귀를 그는 '정감의 순수성'을 나타낸 성격으로 이해한다.

이는 박세당 자신이 성리학자들과 달리 '정감의 순수성'을 믿은 학자임을 드러내는 증거다. 성리학자들이 정감을 악 유발의 본원처럼 생각해 오직 경계해야 할 대상으로 간주하던 사유와 반대로, 그것을 오히려 순수하다고 생각하던 학자가 박세당이다.

인간의 육체와 그로 말미암아 생기는 정욕 등 이른바 '기질의 성'을 경홀시하지 않고, 사실대로 인정하려는 실학자들의 인간관은 그들의 윤리·도덕관과 직결되는 만큼 매우 주목된다. 정욕을 당연시하고 정감을 중요시하는 실학자들의 사유는 그 시대의 예를 절대시함으로써 도덕이 극단으로 형식화되었던 성향에 대한 반발이라고 이해된다. 실학에서의 이런 사유는 17, 18세기에 예의 철저한 실천을 강요함으로써 빚어진 정주학의 경직된 풍토를 교정하려는 의지에서 유발되었다고 볼 수 있다. 정주학의 엄격주의 경향으로 말미암아 오로지 '본연의 성'을 좇아 '가상적 완전인'인 성인聖人을 추구함으로써 '생명 결여의 인간관'으로 전락해 가던 시대 사조를 제어하기 위한 사유 전환이 곧 기질성 중시로 표출되었을 것이다.

실학자들이 본연의 성 못지않게 기질의 성 측면에 주목한 사실은 인간에 대한 이해가 성리학자들과 판연히 달라진 사실을 가리킨다. 그것은 인간에 대해 생명 있는 '욕구체'欲求體로서의 '자연인의 상'을 그 기준으로 삼았음을 시사한다. 성리학자들이 '기질의 성'의 발로에 해당하는 정욕과 정감 욕구를 불순하고 위험하게 여기던 성향은 실학에서 점차 지양되지 않을 수 없게 된다. 이런 사유의 실제 흐름이 정약용에 이르면, 다음과 같은 발언으로 나온다.

> "본연의 성, 기질의 성이라고 이름했다〔命名〕고 해서, 확연히 두 체를 분리시킴은 아마도 틀린 것일 것이다. 하물며 성이란 육체六體의 전명全名이 아니고 육체 가운데 그 호오好惡하는 리만 집어 별도로 이름한 것일 따름임에야!"[52]

정약용에 따르면, 성性 자체가 기호嗜好인 만큼 본연의 성과 기질의 성을 분별하는 데도 사실상 확실한 기준이 없다. 기준이 없는 까닭에 두 성을 완전히 분리해서 논할 수 없다. 따라서 정주학에서 하듯이 기질의 성만을 악의 원천이라고 단정할 수 없다는 것이 그의 주장이다.

성을 이와 같이 보아야 한다면, 그 인간의 성은 도덕 형성과 어떻게 연관된다고 해야 하는가? 이제 문제는 도덕이 어떻게 성립하는가에 있다. 먼저 정약용은 성을 세 가지로 분류하는 이른바 성삼품설性三品說을 제기한다. 인간의 성, 동물(금수)의 성, 식물(초목)의 성에 대한 분별이 그것이다.

"성에는 '세 가지 품질'三品이 있다. 초목의 성은 생生이 있으나 각覺이 없고, 금수의 성은 생과 각이 있고, 우리 인간의 성은 생과 각에다 또 영靈과 선善이 있다. 상중하의 삼급三級이 결코 같지 않다."[53]

정약용이 말하는 성은 도덕적 본성이나 단순한 정의 욕구가 아니고 생물의 '류'적 특성을 가리킨다. 인간의 특성은 '생'生과 '각'覺과 '영'靈 또는 '선'善이다. 생명과 지각과 선을 헤아리는 영명한 능력이 곧 인간의 특성이다. 이런 특성은 타물에는 다 구비되지 않았고, 오직 인간에게만 구비되었다. 따라서 이 구비된 특성들이 인간을 '영장'靈長으로 여기게 하는 특성이다.

정약용은 이 인간의 특성들을 모두 마음이 지닌 것이라고 믿었다. 본디 그에 있어 심心은 세 가지로, '심장'心臟과 영지靈知 전체인 '영명의 심'靈明之心과 영명의 작용으로서 '측은·수오 등으로 발한 심'이 그것이다. 인간은 마음에 지닌 '영명성'으로 해서 하느님과 직통하고, 선으로 번역될 도덕을 수립하고 실천하게 된다는 것이 정약용의 견해다.

그에 따르면 인간은 마음의 영명을 발휘하는 특성 때문에 금수인 동물과 구별된다. 그의 발언으로 이 점을 분명히 하련다.

> "선악에 있어 인간은 다 자작自作해서 스스로 주장主張할 수 있다. 그러나 금수는 선악을 자작할 수 없다. (그것들은) 그렇게 되지 않을 수 없어서 그렇게 될〔不得不然〕 따름이다."[54]

정약용이 인간의 능력으로 말한 '자작'自作과 '주장'主張은 유의해야 할 어휘다. 이는 인간의 자기 의지를 전제로 한 표현으로서 스스로 결정하고 주장하는 능력을 가리킨다. 이는 '인간의 자율성'을 확신한 데서 나온 언표다. 타 동물은 본능 그 자체에 이끌려 '필연 상태'〔不得不然〕로 살아가는 데 비해, 인간은 자기 의지를 가지고 스스로 작심, 결정 및 주장하는 능력을 구사해 독자적인 '자율의 태도'로 살아간다는 것이 그의 주장이다.

공자 이래 "삼군을 거느린 장수는 빼앗을 수 있어도 필부의 의지는 꺾을 수 없다"는 인간 의지, 맹자 이래 그 '지'志를 '기氣 부리는 장수'로 여긴 그 '의지'意志를 금수와 비교되는 인간의 특성으로 파악한 것이 이 대목에서 드러나는 그의 사상이다. 그에 있어 인간 자율의 근거는 곧 의지임이 분명하다. 의지에 입각한 윤리설이 곧 정약용이 그리는 '자율적 윤리설'임이 여기서 이미 드러나기 시작한다.

그의 다음 글은 이러한 인간의 '도덕 능력'을 더 명확히 밝히려고 쓴 글이다.

"하느님은 인간에게 자주自主의 권능〔權〕을 주었다. 스스로 선善을 하려고 하면 선을 실제로 행하고, 스스로 악하고자 하면 악을 실제로 행한다. 들떠서 안정되지 않는 것도 자신의 권능에 의한 것이어서, (이는) 금수에게 고정된 마음〔定心〕이 있는 것과 같지 않다. 그러므로 선을 행하면 실제로 자신의 공이 되고, 악을 범하면 자신의 죄가 된다. 이는 마음〔心〕의 권능이지 성품〔性〕이 아니다."55

정약용은 인간은 하느님으로부터 받은 '자기 주재의 권능 또는 권형', 곧 '자주지권'自主之權을 마음에 가지고 났다고 믿는다. 하늘이 만물의 주재자이듯이 마음은 한 몸〔一身〕을 주재한다. 정약용에 의하면 마음이 영명성을 지님으로써 몸을 주재한다는 것이다. 그 주재의 권능이야말로 인간이 선한 도덕을 '스스로 선택'해서 행할 수 있는 '자율의 능력'이다. 도덕 행위를 자기 의지意志를 가지고 자율自律로 할 수 있기 때문에, 그 행위에 따르는 공과〔功罪〕의 책임도 자신에게 귀속되는 점까지 그는 논했다.

정약용이 이렇게 도덕의 자율성을 강조한 데는 물론 정주성리학의 도덕 수립을 본성本性이라는 '덕성德性의 필연적 발로〔理發〕로 이루어짐'을 부정한 데에 기인한다. 그의 입장에서 자율을 고취하는 이유는 도덕의 수립과 실천에 '정욕 등으로 드러나는 기질성'의 움직임에 대한 인위적 조정과 더불어, 선행에 대한 '경험적 학습'이 요청되기 때문이다. 바로 이러한 점을 그는 다음과 같이 밝힌다.

"고자告子는 '인성人性으로써 인의仁義를 한다〔爲〕'고 했고, 맹자는 '사람을 상하게 하고서도 인의를 하는〔爲〕 것이겠는가?'라고 했다. 이 두 개의 '한다'〔爲〕는 글자가 가장 분명하다. '인을 한다'爲仁는 것은 인을 실행한다〔行仁〕는 것이며, '의를 한다'爲義는 것은 의를 실행한다〔行義〕는 것이다. 만일 인성 중에 본래 인의가 있었다〔本有仁義〕고 한다면, 두 개의 할 위爲 자는 이해될 수 없는 것이다."[56]

정약용에게서 인의仁義로 상징되는 덕목 또는 도덕은 그 인의에 해당하는 것을 의도하고 실행하는 '실천적 행위'로 이루어진다. 인의와 같은 구체적 덕목이나 도덕은 그에 해당하는 '행위의 실천 결과'로 성립하는 것에 지나지 않는다. 그의 견해로 윤리·도덕은 결코 리라는 선험적 본성의 자연 발로로 이루어지는 절대적인 무엇이 아니다.

그에 있어 윤리·도덕은 상제 천의 복원이 선행했으므로, 종교적 성향으로는 '상제를 섬기는'事天 의의를 지니는 점도 고려될 수 있다. 그러나 그에게서 실제 도덕은 인간 자신의 의지와 주체적 판단에 의해 자율적으로 하는 '선택된 행위의 경험적 반복'으로 이루어지는 상대적인 것이다. 윤리 차원에서 그의 도덕론은 하느님으로부터 부여받은 권능인 주체적 의지와 영명성에 의한 선택과 실천을 통한 '자율적 주체성'을 확보하고 있는 점에 독특한 특징이 있다.

이런 점에서 그의 도덕설은 일종의 자연적인 '사단의 단서'를 드러내기보다 오히려 '칠정의 중절中節'에 역점이 놓인 '인위적 탐색과 결행'의 성과에 해당한다. 도덕 형성에 대한 그의 이론의 성격은 이황의 견해보다는 마치 김인후의 견해 쪽에 기운 이론에 비유된다. 그러나 김인후에서도 본성의 본구만은 부정하지 않고 있음을 상기하면, 정약용의 이론은 본성의 본구조차 부정하는 점에서 서로 차이가 있다.

사단으로 드러나는 선한 본성 측면 못지않게 선악미정善惡未定의 칠정 같은 자연적 정의 중절에 힘쓰는 것은 '절도'節度로 표현된 도덕규범 또는 도덕적 의무에 충실하는 견해로 통한다. 이에 정약용은 덕성윤리와 의무윤리 가운데 어느 편을 더 지향했나 하는 점을 생각하게 된다.

여기서 우리가 놓쳐서 안 될 점은 정약용이 사단을 결코 도외시하지 않았다는 것이다. 그는 인의仁義와 같은 인성, 곧 '선善을 좋아하는 기호'가 다른 본능적 기호와 함께 인간에게 있음을 간과하지 않았다. 그 선을 좋아하는 기호의 타고남을 그도 인정했다. 그런 점에서 그는 맹자의 성선설性善說을 따른 셈이다. 맹자가 사단의 '단서의 확충'을 논한 것처럼, 그도 그 선善 좋아하는 기호를 스스로 키우고 실현한다든가, 교육을 통해 가르치고 실천케 함을 중요하게 여겼다.

정약용에 있어서도 도덕 체계는 '오륜五倫 체계'로 대표된다. 그도 그 시대의 도덕인 삼강오륜을 수긍하고 계승했다. 그러나 그에 있어 삼강은 논할 여지조차 없었고, 오륜마저 결코 성리학자들의 경우처럼 상하 수직으로 행해지는 규범 질서가 아니었음에 주의해야 한다. 그는 오륜을 쌍무호혜의 수평 질서로 실행해야 함을 강조했다. 그는 부친의 바른 도리〔父義〕, 모친의 자애〔母慈〕, 형의 우애〔兄友〕, 아우의 공경〔弟恭〕의 고른 실천을 역설했다. 이것이 바로 그가 오상보다 더 '효'孝, '제'弟, '자'慈에 치중한 그의 덕목관으로 연결되었던 것이다.[57] 그의 도덕철학의 선구적 측면은 이렇게 그의 오륜관과 덕목관에서도 발견된다. 정약용은 그 시대를 앞지르는 도덕철학을 이룬 학자였음에 틀림없다.

이상의 고찰을 이제 정리할 단계에 이르렀다. 지금까지의 고찰로 미루어 보면, 정도전이 대표적으로 보여준 '성리학의 윤리관'이 불교보다 그 자율성을 더 강조하는 내용이었지만, '성리학보다도 더 자율성을 강화'한 윤리설이 또한 실학자인 정약용의 윤리관임을 깨닫게 된다. 조선 시대 유학자들의 윤리관 또는 도덕철학은 한마디로 인간 자신의 의지와 이지적인 능력을 구사함으로써 '자율성을 확대해 온 철학'의 자취라고 정리된다. 조선의 유학자들이 시대의 흐름에 따라, 점차로 그 도덕철학을 알차게 발전시켜 왔음을 이제까지의 고찰로 확인할 수 있다.

조선 시대 유학자들은 어느 나라의 유학자에게도 뒤지지 않는 도덕철학을 마련해 가지고, 각 시대에 현명하고 지혜롭게 대처하려 했다. 이 자리에서 이제까지 조선 시대 유학의 도덕철학을 살핀 참뜻도 별다른 데 있지 않다. 그 참뜻은 바로 근거 없는 독단과 편견과 선입견에 얽매임 없이, 자유롭게 이지적인 능력뿐 아니라 '전인적인 통찰력'을 발휘해, 더욱 '인간의 자율적 성향'을 띤 새로운 도덕철학을 수립하고 실천하려는 마음가짐을 다지는 데 있다. 이렇게 할 때 우리 자신이 오늘을 바르게 살고 내일을 올바르게 열어 가려 하는 데 전통 철학의 지혜 또한 큰 도움이 될 것을 필자는 믿어 의심치 않는다.

주

1 尹絲淳, 「鄭齊斗(霞谷) 陽明學의 연구」, 『한국학연구』(고려대학교 한국학연구소, 1992).

2 尹絲淳, 「實學 意味의 變異」, 『민족문화연구』 28(고려대학교 민족문화연구원, 1995) ; 尹絲淳, 『실학의 철학적 특성』(나남, 2008).

3 앞과 같음.

4 尹絲淳, 「實學的 經學觀의 特色」, 『實學論叢』(전남대학교 호남문화연구소, 1975).

5 李睟光, 『芝峯類說』 권5, 儒道部 「學問」.

6 『中庸』 제20장.

7 朴世堂, 『思辨錄』, 「序」.

8 李滉, 『退溪全書』 상 권42, 「朱子書節要序」.

9 앞 책, 상 권16, 「答奇明彦』.

10 李珥, 『栗谷全書』 拾遺 권6, 「四子言誠疑」.

11 李珥, 『栗谷全書』 권15, 「雜著 · 學校模範」.

12 허목(許穆)은 그의 스승인 예학자(禮學者) 정구(鄭逑)의 예학(禮學)을 실학(實學)이라 한다. 尹絲淳, 「實學 意味의 變異」, 『민족문화연구』 28(고려대학교 민족문화연구원, 1995). 또는 윤사순, 『실학의 철학적 특성』(나남, 2008).

13 洪大容, 『湛軒集』 외집 권1,「答朴郎齋文藻書」.

14 朴趾源, 『燕巖集』 권4, 「課農小抄 · 諸家總論後附說」.

15 앞과 같음.

16 앞과 같음.

17 崔漢綺, 『人政』 권11, 「事務進學問」.

18 崔漢綺, 『氣學』 권1.

19 朴世堂, 『穡經』; 홍만선, 『山林經濟』 참조.

20 朴齊家,『貞蕤集附北學議』 참조.

21 洪大容,『湛軒書』 내집 권4,「醫山問答」(경인문화사, 1969), 332쪽.

22 앞과 같음.

23 앞 책, 內集 권1,「孟子問疑」.

24 앞 책, 內集 권1,「心性問」.

25 앞 책, 內集 補遺 권4,「醫山問答」.

26 『中庸』 제20장.

27 『中庸』 제25장.

28 『中庸』 제22장.

29 朴世堂,『中庸思辨錄』 제1장 註.

30 앞과 같음.

31 朴世堂,『思辨錄』,『尙書』,「湯誓」.

32 『思辨錄』;『論語』,「八佾」.

33 洪大容,『湛軒書』,「醫山問答」, 343쪽.

34 앞 책, 336쪽.

35 앞 책, 350쪽.

36 앞 책, 351쪽.

37 丁若鏞,『與猶堂全書』 2,『孟子要義』, 144쪽.

38 앞 책,『春秋考徵』, 293쪽.

39 앞 책 2,『中庸自箴』, 47쪽.

40 앞 책 3,『春秋考徵』, 293쪽.

41 앞 책 2,『孟子要義』, 138쪽.

42 앞 책 2,『中庸講義補』, 61쪽.

43 柳初夏,「丁若鏞의 宇宙觀」(고려대학교 박사학위 논문, 1990), 7쪽 참조.

44 앞 책 3,『易學緖言』, 517쪽.

45 洪大容,『湛軒集』 內集 補遺 권4,「醫山問答」, 349쪽.

46 앞 책, 같은 곳, 350쪽.

47 朴趾源,『燕巖集』 권1,「洪範羽翼序」.

48 朴齊家,『北學議』 外篇.

49 丁若鏞,『與猶堂全書』 2,『中庸講義補』, 61쪽.

50 安鼎福,『順菴先生文集』 권17.

51 朴世堂,『論語思辨錄』,「述而篇」.

52 丁若鏞,『與猶堂全書』 권15, 11장 전후.

53 앞 책 2 권4, 47장 전면.

54 앞 책 2 권6, 19장 전면.

55 앞 책 2 권5,『孟子要義』, 111쪽.

56 앞 책 2 권6, 18장 전면.

57 앞 책 2 권1,「大學公議」, 4쪽.

후기

다시 성찰하는 글

다시 성찰하는 글

고찰 내용에 대한 성찰의 시간을 갖는 일이 필요할 듯하다. 이제까지 늘어놓은 내용의 줄거리는 대체로 다음과 같이 요약된다.

① 15세기: 권선징악의 성리학적 근거론으로서 정도전의 탐구로 이룩된 성리학적 응보론.

② 16세기: 오륜적 도덕 체계의 근거 탐색과 칠정에 대비된 사단이 지닌 사덕·오상의 현실적 의의.

③ 17세기: 예의 정쟁 도구화에 나타난, 예치의 성리학적 세련성.

④ 18세기: 오륜적 도덕의 두 갈래 선험적 뿌리(오상과 천명)에 의거한 인성·물성 및 덕성 탐구.

⑤ 18~19세기: 도덕 성립에 있어 경험적 측면(칠정·기질의 성) 중요시로의 방법론 전환.

지금부터 진행할 성찰은 바로 이 내용에 대한 반추에 해당한다.

14세기 말엽의 정도전鄭道傳이 불교의 선악응보설善惡應報說을 비판적으로 부정한 이론은 상당한 타당성을 갖추고 있다. 그의 지적대로 영혼의 윤회설과 윤리 차원의 인과설 및 신앙 행위의 공리적功利的 응보는 실증적으로 증명될 수 없는 측면과 아울러, 실제 사실과 부합하지도 않는 현상이 많기 때문이다.

그러나 정도전이 제시한 '성리학적 응보설'이 그대로 긍정될 수 있는 것도 아니다. 그의 이론 또한 일종의 벽과 같은 난제를 안고 있기는 마찬가지다. 비록 응보를 위해 그가 인간의 선 지향적인 심성〔仁義禮智信, 五常〕과 의지〔志〕의 구사를 논한 점, 곧 인간의 '자율'自律 능력의 발휘를 논한 점은 불교의 응보설보다 한발 나아간 이론이지만, 불멸하는 불성佛性에 대응하는 리理, 곧 '의리'義理의 무시한적 구현에 의탁하고 있는 그의 응보론도 결국 무응보론과 조금도 다르지 않기 때문이다. 그의 성리학적 응보설도 설득력을 갖춘 성공한 이론이라 할 수 없다.

선행에 선과〔福, 吉祥〕가 따르고 악행에 악과〔禍, 災殃〕가 따른다는 응보설은 결코 '필연적으로 이루어지는 현상'이 아니다. 그 이론은 필요성에 따라 '요청된 이상론'이다. 그것은 사회 질서를 수립하기 위한 '권선징악'勸善懲惡의 한 도구로 구상해 낸 이론에 지나지 않는다. 불교의 응보설과 성리학적 응보설은 다 그 종교와 학문이 크게 번성하던 시대에 각각 수긍할 만한 듯이 믿어졌던 흘러간 사상들일 따름이다.

이제 응보설은 합리적인 권선징악설 속에 흡수되어야 할 이론에 지나지 않는다. 오늘의 윤리에서 응보 문제는 권선징악의 요청적 당위성을 새롭게 이론화하는 자리로 옮겨 와야 한다. 그것은 넓은 시각에서는 이제 도덕적 양심과 교육적 훈련과 법률적 권능에 맡겨져야 할 문제다. 이제는 어느 한 분야에서 그 응보 문제를 독점적으로 마치 필연적 현상인 듯이 분식할 수 없게 되었다.

오늘의 도덕철학에서는 '권선징악의 요청적 당위성'을 타당하게 이론화하는 작업이 무엇보다 급선무다. 이 사실을 깨닫게 한 데에 저 응보설들의 현대적 함의가 있다. 어느 시대 어느 곳에서나 선행은 권장되고 악행은 금지되어야 한다. 이것이 시대와 장소를 가릴 것 없이 적용되어야 마땅한 불변의 '보편적 원리'임은 더 말할 나위 없다. 이제까지 살핀 모든 학자의 이론들이 실은 이 보편적 원리를 수호하고 실현하기 위해 각자의 시공에서 제시한 발상들이다.

도덕의 문제란 인간이 홀로 사는 조건에서는 생기지 않는다. 인간이 남과 더불어 공생하는 '사회생활의 여건'에서만 등장하는 문제가 도덕이다. 사회생활에서 서로가 어떤 태도로 행위해야 마땅할까를 원리적으로 탐구하는 학문이 윤리학이고 도덕철학이다. 일찍이 권근權近이 공자, 맹자의 인의仁義를 "당연의 리"當然之理, 곧 '마땅한 원리'라고 한 것은 특별히 기억해야 할 해석이다. 도덕철학은 그의 주장대로 '마땅히 행해야 할 원리(당연의 리)'를 탐구하는 학문이기 때문이다.

그 당연한 리의 명시적 결정 여부와 관계없이, 당연한 리를 행하려는 나의 의지가 도덕 형성을 위해서는 무엇보다도 중요하다. 그 리가 명시적으로 정해지지 않았을 때의 내 선지향의 의지야말로 도덕 수립의 단초를 여는 도덕적 관심이라는 의미에서 더없이 중요하다. 도덕을 지향하는 관심의 차원에서 가장 긴요한 다음 조건은 '나와 남과의 관계'에 대한 나의 관심이 '열린 마음'으로 진지하고 성실해야 한다는 것이다. 이것은 '나'와 '남'에 대한 관심의 진지성 또는 성실성의 조건이라 해야 한다.

적어도 진지한 자기 자각을 가진 때라면 나를 '동물적 자연물'이 아닌 '인격체'로 파악한 경우다. 자신을 동물적 자연물이 아닌 인격체로 생각하는 사람은 남에 대해서도 인격체로 생각하게 마련이다. 공자, 맹자로부터 퇴계 이황, 율곡 이이, 다산 정약용에 이르기까지 수많은 유학자들이 강조한 경敬과 성誠은 자타를 인격체로 대할 자각을 바탕으로 한 의식의 '진지함'과 '성실함'을 가리킨다. 『중용』에서 "참된 성심〔誠〕이 나와 남을 이루는 것〔成己成物〕이라"고 한 것은 이를 두고 한 가르침이라 이해된다.

정리하면, 도덕을 형성하기 위한 조건 가운데 가장 중요한 것은 진지성에 기초해 내가 먼저 '인격체로 되어', 남들도 '인격체로 대하는' 성실한 태도다. 자타에 대한 단순한 인식 차원을 넘어 '품격 관념'인 '인격체 관념'을 지녀야 한다. 이것이 윤리·도덕을 성립시킬 자리에서 자타에 대한 인식 다음 단계의 '격상된 마음가짐'의 단계라 하겠다.

도덕 성립의 다음 조건으로는 남에 대한 사랑, 적어도 배려가 필요하다. 인격체 관념에서는 자타에 대한 애정이 있게 마련이다. 이 점을 밝힌 것이 바로 공자의 인설仁說이다. 공자의 '인'仁은 본래 "사람을 사랑하는 것"愛人인데, 그 인의 실현 방법은 '서'恕, 곧 "나(내 마음)를 미루어 남을 대하는 태도"다. 서란 "내가 하기 싫은 것은 남에게 시키지 말고",[1] "내가 하고 싶은 것은 남에게도 시켜 주는"[2] 태도다.

이로 보면 인은 '호의적인 배려'로 실현되는 마음씨를 가리킨다. 호의적인 배려야말로 인간들의 공존, 공생의 길이라고 판단된다. '나를 미루어 남을 대하는 태도'는 곧 윤리·도덕을 형성하는 가장 중요한 기본 원리라 할 것이다. 이런 의미에서만 인을 당연의 원리라고 하는 권근의 해석은 수긍될 수 있다. 오늘날 윤리·도덕 형성에도 '여전히 기여할 유학의 이론'이야말로 바로 이러한 호의적 배려〔仁〕라고 필자는 생각한다.

맹자가 도덕에 해당할 의미의 '예'禮를 "공경지심恭敬之心 또는 사양지심辭讓之心"의 심정에서 그 실마리〔端緖〕가 찾아진다고 생각한 것은 인격체관을 앞세운 발상일 뿐 아니라, 도덕 형성에서 호의적 배려가 필수적인 요건임을 적시한 사례다. 타인을 인격체로 대할 때라야 공경·사양 하는 마음과 태도가 나오고, 공경·사양 하는 태도란 또 호의적 배려의 구체적인 본보기이기 때문이다.

타인을 인격체로 대하면서 배려하는 태도는 행위 주체인 나의 '자발적 의지와 결단'에서 나옴은 더할 나위 없다. 배려는 고사하고, 진지한 마음가짐에서 마땅한 행위인 선善을 지향하는 '의지의 발동'부터가 스스로 일으키는 한, '자율'自律의 성향을 띤 것이다. 이로써 자율 능력에서 도덕이 성립됨이 절로 명백해진다. 도덕은 자율 정신과 자율 능력의 구사로만 이루어진다.

자율의 능력 발휘가 앞 고찰에서 많이 적용된 사례로는 '사단 칠정'四端七情의 문제를 들 수 있다. 권근과 정지운, 이황 등이 중요시한 사단은 선을 행할 가능성을 지닌 인간성〔本性〕의 정서적 단서이므로, 그것을 '주체적으로 확장'하는 자율이 요구되는 정서다. 칠정은 선악 미정의 자연적인 정감이므로, 객관화된 '절도節度라는 이름의 선' 또는 '의무'를 실천하기 위해 자기 단속의 조절이라는 자율을 필요로 하는 정감이다. 사단의 주체적 확장과 칠정에 대한 자기 단속적 조절, 이 두 측면의 자율을 통해 구체적인 도덕 행위의 실천이 있게 된다.

조선 유학자들의 사유가 자율을 중심으로 전개되어 왔음은 이런 풀이에서 잡히는 것이다. 14세기 정도전의 리 또는 의리의 주체적 실천을 앞세운 응보설應報說은 불교의 거의 필연적인 성격을 띤 응보설에 비해 자율 능력을 확대 구사한 이론이었다. 또 정도전의 그 응보론보다는 「천명도」天命圖를 그린 16세기 정지운, 이황, 김인후의 성정관과 윤리설이 더 자율성을 제고한 이론이었다. 그 성리학자들의 윤리설보다는 실학자인 홍대용, 정약용의 심성설과 윤리설이 더 자율성을 고취한 이론이었다. 따라서 조선 시대 유학이 보인 '윤리설, 도덕철학'의 흐름은 곧 '자율성의 확대 구사'를 특징으로 한 이론의 흐름이다.

이처럼 불교의 이론보다 성리학자들의 이론이, 성리학자들의 윤리설보다 실학자들의 윤리설이 점차로 자율을 더 중요시한 원인은 어디에 말미암았던가? 그 원인은 바로 본성적 선지향의 특성을 인정하고 그것을 구현토록 하는가 여부에 있었다. 이 점을 실제로 확인하겠다.

영혼 불멸과 윤회설에 기초해서 천당, 지옥 등을 내세우는 불교의 응보설은 '거의 필연적 응보설'에 가까웠기 때문에, 그것은 인간의 자율적 노력을 별로 필요로 하지 않았다. 이에 비해 정도전의 응보설은 실재성과 선함을 앞세운 리理에 함유된 의리義理의 자연적 구현을 믿으면서도, 본성本性인 오상에 의해 그 '의리' '당연의 리'當然之理를 각자의 의지로 실천할 것을 주장했기 때문에, 그의 응보설에서는 '인위적 자율'이 부가되었다. 정약용 같은 실학자는 리의 실재를 부정했기 때문에, 응보 자체를 부정하는 입장에 있었다. 그에 있어 선행은 기호嗜好라는 인성, 곧 '선을 좋아하는 소질적 성향'을 오로지 자율이라는 인위로 확대 구현해서 이루는 실천적 결실에 해당했다.

조선 시대 성리학자들과 실학자들이 인간의 심성과 자율 문제에 어느 나라 철학자들 못지않게 열정적으로 침잠한 이유가 이 대목에서 읽힌다. 그들이 보인 윤리적 탐구는 결국 도덕의 문제를 가장 본원적인 조건과 원리에 정확히 정초한 것이었다는 평을 받을 만하다. 다만 성리학자들과 실학자들 사이에 그 문제에 접근한 방법과 강도에 차이가 있었을 따름이다.

리를 실재시한 성리학자들의 윤리설이라 해서 그것대로의 의의를 함축하지 않은 것은 결코 아니다. 다른 윤리설 못지않은 의의가 거기에 내재한다. 하나의 예로, 이황 등이 사덕 본성(仁義禮智)의 (사단을 통한) 자연 발로를 (성즉리性卽理를 전제로) "리의 발"理發이라는 표현으로 해석한 데는 성선설性善說의 확신에 기초한 인성 신뢰가 작용했다. 그에게는 그 성선을 내세워 당시 왕이 선정善政을 베풀 근거를 제시하려는 의도 또한 잠재했다. 그 해석에는 또 앞의 본론에서 이미 밝힌 대로, 오상五常의 마음씨가 오륜五倫을 성립시킨다고 믿었던 신념에서* 나온 그 시대 오륜이라는 '도덕 체계에 대한 합리화'의 의의가 잠재한다.

이에 비해 칠정七情으로 나타나는 자연적 정에 대한 중절中節 형식의 조절 측면은 김인후金麟厚와 기대승奇大升에게서 약간 주목되기는 했다. 그러나 이들 이론의 실제적 우세는 오륜 체계에 대한 '현실적 이념의 유용성'을 지닌 이황의 윤리설에 돌아가지 않을 수 없었다. 칠정 측면의 상대적 중요시는 18, 19세기 정약용丁若鏞의 사유를 기다려서야 빛을 본 셈이다.**

17세기는 고사하고 18세기만 해도 도덕설의 주류는 여전히 오상의 선험적 본구를 신봉하는 정주학자들의 '덕성윤리설'이었다. 인성·물성의 동이를 탐구하던 이간李柬과 한원진韓元震의 이론이 그러한 것이었다. 그들은 비록 인성·물성 동이의 이론에서 견해 차이를 보였지만, 선험적으로 본구된 '본연의 성'本然之性을 가지고 논의를 전개했던 점에서 서로 일치한다.

그들의 논의가 현실적으로는 노론의 장기 집권과 관련된다고 필자는 이해했지만, 도덕 성립을 위한 그들의 인성 탐구는 '덕성윤리설의

---

* 오상(五常)의 발현이 친의별서신(親義別序信)의 원리로 통해 마침내 오륜(五倫)을 성립시킨다는 것은 정주학자(程朱學者)들에게는 하나의 상식적 이론이고 일반적인 신념이었다.

** 그의 이런 이론도 시대적 여건의 변화, 곧 서구의 종교와 근대 학문의 영향과 연관되었던 것이다.

극치'에 이른 느낌을 주는 정도라 해서 지나침이 없다. 그들은 본연 성의 탐구를 태초의 태극太極 또는 천명天命으로 소급했던 한편, 마음의 작용이 일어나지 않은 미발未發일 때의 심체, 곧 명덕明德의 선악까지 탐색했던 점에서 그러하다.

실학의 도덕철학을 대표하는 정약용이 주장한 인간의 '스스로 작정'自作하고 '스스로 주장'自主張하는 능력, 곧 타고난 "자주의 권능 또는 권형"自主權은 성리학에서 볼 수 없던 자율 능력에 대한 분명한 언명이다. 성리학에서 아직 언급치 못한 자주의 권능을 기초로 도덕을 논하는 이 점에, 이미 인간의 '주체적 자율 능력'에 대한 정약용의 신뢰가 성리학자들 이상으로 강하게 깃들었음은 더할 나위 없다.

거듭 강조하지만, 조선 시대 유학자들의 윤리관, 그 도덕철학은 인간 자신의 의지와 이지적 능력을 구사함으로써 '자율성을 확대해 온 철학'의 자취임이 확실하다. 이제까지 고찰한 우리의 참뜻도 별다른 데 있지 않다. 그 참뜻은 바로 근거 없는 독단과 편견과 선입견에 얽매임 없이, 자유롭게 이지적 능력뿐 아니라 전인적인 통찰력을 발휘해, 더욱 '인간의 자율 성향'을 띤 새로운 시대에 적합한 도덕철학을 수립하고 실천하려는 마음가짐을 다지는 데 있다. 이렇게 다짐할 때 전통철학의 지혜는 오늘을 바르게 살고 내일을 바르게 열어 가려는 우리의 뜻에 큰 도움이 될 것이다.

앞으로의 도덕이 지향해야 할 질서는 결코 단선적이고 획일적인 질서가 아니고, '다원적 가치의 조화로운 질서'일 수밖에 없음에 유의해야 한다. 도덕이라고 해서 무한히 고정적인 성향만 지녀서도 곤란하다.

끊임없이 생성, 생동, 변화하는 여건에서는 윤리·도덕 또한 변화에 적합하게, 그리고 융통성 있게 설정되어야 한다. 변화 속에서 자타의 공생을 질서 있게 이어 갈 설득력 있는 윤리관 수립이 요망된다.

이러한 몇 가지 조건에 대한 긍정과 그에 합당한 실천이야말로 아마도 앞날의 바람직한 도덕 형성의 '기본적이고 보편적 원리'와 맞먹는 '도덕적 의무'가 아닐까 한다. 복잡할 수밖에 없는 여러 층의 질서를 수립하는 일, 그 새로운 도덕 형성의 과업을 위해 우리는 무엇보다도 먼저 '도덕의식의 회복과 부흥'을 겨냥한 '도덕적 의무'를 이행하는 데 다 함께 충실해야 한다.

이런 주장이 성립하는 한 '오늘의 자율自律'이 적용되어야 할 곳도 자명하다. 오늘의 도덕적 자율은 도덕의식의 회복을 지향하는 '도덕적 의무의 실행', 바로 이 점에 적용되지 않을 수 없다. 도덕적 자율 능력이 각자 선지향의 성향인 덕성德性*을 바탕으로 이 도덕적 의무를 실천하는 데 적극 발휘되어야만, 그 자율의 정신은 현대에도 인류의 미래를 여는 지혜로서 역사의 흐름에 크게 기여할 수 있을 것이다. 이 고찰의 결론이 바로 여기에 있다.

---

* 필자가 여기서 말하는 '덕성'(德性)은 인의(仁義) 등으로 표현할 수 있는 인간이 지닌 '가능성으로서의 이타적(利他的)인 성향(性向)'을 말한다. 리차드 도킨스가 말하는 인간의 이타적 유전자 따위가 이에 해당할 것이다. 맹자의 사덕은 오늘날 이런 의미로 재해석되어야 한다고 필자는 생각한다. 이런 점에서 정약용의 성기호설(性嗜好說)은 반추할 여지가 있다.

주

1 『論語』, 「顏淵」, "仲弓問仁, 子曰…… 己所不欲 勿施於人."

2 앞 책, 「雍也」, "夫仁者, 己欲立而立人, 己欲達而達人."

참고문헌

· 정도전(鄭道傳), 『삼봉집』(三峯集)

· 권근(權近), 『양촌집』(陽村集)

『입학도설』(入學圖說)

『오경천견록』(五經淺見錄)

· 주희(朱熹), 『가례』(家禮)

· 유자징(劉子澄), 『소학』(小學)

· 허조(許稠) 등, 『국조오례의』(國朝五禮儀)

· 최항(崔恒) 등, 『경국대전』(經國大典)

· 이황(李滉), 『퇴계전서』(退溪全書)

· 정지운(鄭之雲), 『추만집』(秋巒集)

『천명도해』(天命圖解)

· 김인후(金麟厚), 『하서집』(河西集)

· 기대승(奇大升), 『고봉전집』(高峯全集)

· 이이(李珥), 『율곡전서』(栗谷全書)

· 성혼(成渾), 『우계집』(牛溪集)

· 송익필(宋翼弼), 『구봉집』(龜峯集)

· 송준길(宋浚吉), 『동춘당집』(同春堂集)

· 김장생(金長生), 『사계집』(沙溪集)

· 송시열(宋時烈), 『우암집』(尤庵集)

· 김집(金集), 『신독재집』(愼獨齋集)

· 윤증(尹拯), 『명재집』(明齋集)

· 정경세(鄭經世), 『우복집』(愚伏集)

· 박세채(朴世采), 『남계예설』(南溪禮說)

· 정구(鄭逑), 『한강집』(寒岡集)

· 허목(許穆), 『기언』(記言)
· 윤휴(尹鑴), 『백호집』(白湖集)
· 윤선도(尹善道), 『고산선생연보』(孤山先生年譜)
· 허균(許筠), 『성소부부고』(惺所覆瓿藁)
· 이수광(李睟光), 『지봉집』(芝峯集)
· 유형원(柳馨遠), 『반계수록』(磻溪隨錄)
· 박세당(朴世堂), 『서계집』(西溪集)
『사변록』(思辨錄)
· 이익(李瀷), 『성호문집』(星湖文集)
『성호사설』(星湖僿說)
· 홍대용(洪大容), 『담헌집』(湛軒集)
· 박지원(朴趾源), 『연암집』(燕巖集)
『열하일기』(熱河日記)
· 박제가(朴齊家), 『정유집』(貞蕤集)
『북학의』(北學議)
· 정약용(丁若鏞), 『정다산전서』(丁茶山全書)
· 최한기(崔漢綺), 『명남루전서』(明南樓全書)
· 장지연(張志淵), 『조선유교연원』(朝鮮儒教淵源), 회동서관, 1922.
· 현상윤(玄相允), 『조선유학사』(朝鮮儒學史), 민중서관, 1948.
· 이병도(李丙燾), 『한국유학사』, 아세아문화사, 1998.
· 배종호(裵宗鎬), 『한국유학사』, 연세대학교 출판부, 1990.
· 윤사순(尹絲淳), 『한국유학사상론』, 예문서원, 1997.
『조선시대 성리학의 연구』, 고려대학교 민족문화연구소, 1998.
『실학의 철학적 특성』, 나남, 2008.
· 최영성(崔英成), 『한국유학사상사』, 아세아문화사, 1994.
· 고려대학교 민족문화연구원 한국사상연구소 편, 『자료와 해설, 한국의 철학사상』, 예문서원, 2001.

찾아보기

ㅅ

윤사순